# 에스테틱
# 경영론

# 에스테틱
# 경영론

Aesthetic

**뷰티 산업 60개 매장 창업 · 브랜딩 · 마케팅 노하우**

김진구 지음

중앙경제평론사

대학에서의 전공을 살려 대기업인 화장품 회사 연구소에서 피부건강에 관한 연구에 전념하다 고객들에게 보다 실질적인 도움을 주기 위해 회사의 에스테틱 사업 론칭에 참여한 김진구 대표는 안정적으로 사업을 확장시킨 후 회사를 나와 자신의 브랜드로 에스테틱 사업을 창업해서 여러 매장을 운영하고 있다. 그는 자신의 성공을 혼자만의 것으로 남기지 않으려 이 책을 집필하였다. 에스테틱 사업에 관심이 있는 많은 사람들은 이 책을 통해 길을 찾을 수 있을 것이다.　**– 최원주** 인제대학교 일산백병원 부원장

업계 최초의 교본. 사업의 구성, 논리의 조합, 실천의 단계까지 매우 정교하다. 특히 구체적인 시스템과 매뉴얼을 제시하여 경영인이라면 동의하지 않을 수 없을 것이다.　**– 김정호** 전 코리아나 화장품 상무

가장 치열한 현장에서 에스테틱 사업으로 성공할 수 있었던 이유를 알게 해준 책. 주관적인 경험뿐 아니라 시장에 대한 객관적인 데이터를 통해 에스테틱 사업을 하고자 하는 미래 사업가들에게 뚜렷한 방향을 제공해줄 것이

고, 에스테틱 사업뿐 아니라 여러 다른 분야의 사업을 꿈꾸는 자들에게도 큰 영감이 될 것이다. **– 김도균** 한의사

현실적, 합리적, 논리적이다. 유기적 사고와 객관적 데이터로 사업을 구성하는 방법을 알려준다. 혁신이라는 언어만 앞세워 본질이 흐려진 책들과는 다르게 구조와 전개가 착실하다. **– 우혜안** 약대한방병원 원장

김진구 대표는 에스테틱 사업을 성공리에 이끄는 비장의 무기를 장착하고 있다. 누구도 예상하지 못한 마케팅 전술과 프로그램 구성 등 에스테틱 분야를 정확히 이해하고 사업을 이끄는 김 대표만의 비장의 무기를 이 책 한 권에 그대로 서술하였다.

성공적인 사업 노하우를 최대한 객관적인 데이터로 제시하여 독자로 하여금 실제로 사업에 적용할 수 있도록 하였으며, 에스테틱 창업을 준비하는 이들뿐만 아니라 현재 사업을 운영하고 있는 사업가들에게 좋은 정보를 제공하게 될 것이다.

이 책을 통해 김진구 대표의 에스테틱 분야에 대한 강한 애착을 느낄 수 있었으며, 계속해서 성공가도를 질주하는 김 대표의 모습이 그려진다.

**– 윤미연** 동남보건대학교 뷰티케어과 교수

김진구 대표는 항상 공부하는 학구적인 경영자다. 새로운 것을 끊임없이 탐구하고 남에게서 배우는 데 탁월한 능력을 갖고 있다. 동종 업계뿐 아니라

다른 업계에도 관심을 갖고 배우는 자세는 존경스럽다. 이 책이 에스테틱 업계의 발전에 크게 기여할 것으로 믿는다.

**– 박인출** 상류치과원장, 서울대 치의학박사

지금까지 에즈블랑이 성공할 수 있었던 창업 과정과 사업가 김진구 대표의 열정과 색을 보여준다. 지금도 진행 중인 성실한 인생 노하우가 이 책에 담겨 있다.
**– 변요한** 배우

한 분야의 전문가라는 타이틀은 단지 그 일을 오래했다고 해서 얻게 되는 것이 아닙니다. 끊임없이 연구하고 노력하는 과정이 필요하죠. 김진구 대표를 오래 봐오면서 느낀 점은 늘 에스테틱 분야에 대해 공부하고, 그 영역을 알리기 위해 노력을 아끼지 않는다는 것이었습니다. 그 노력의 첫 번째 결과물인 김진구 대표의 저서! 추천합니다.
**– 황인성** 연합뉴스TV 아나운서

# 현실적인 대안을 찾아서

## ● K-스파(SPA)의 브랜딩

K-스파의 이미지가 대중들의 인식 속에 막연하고 무지하다고 느껴질 때가 있습니다. 제가 20년 정도 이 업계에 직·간접적으로 느낀 시간 동안 이러한 인식들을 바꾸고 싶다는 열망이 강했습니다. 마사지에서 테라피로, 마사지에서 힐링으로, 단순 노동자에서 전문가로 인정받게 하고 싶었습니다.

그러기 위해서 세레니끄 에스테틱 사업 부장을 거쳐 에즈블랑을 만들었습니다. 솔직히 잘되고 있습니다. 일차원적인 매출도 그렇고 본사의 성장률 측면에서도요. 하지만 K-스파의 브랜드를 만드는 과정은 모두가 어느 정도의 기준에는 부합해야 된다고 생각합니다.

간략하게 말씀드리면 이발소에서 청담 헤어 디자이너로 업그레이드되는 과정을 만들고 싶습니다. **몇 가지의 화장품이나 테크닉을 변**

경한다고 해서 매출이 지속적으로 상승할 수는 없습니다. 그렇게 쉽게 돈을 벌 수 있다면 한국인 모두가 에스테틱을 할 겁니다. 전문지식, 시장의 이해와 진단이 병행되어야 합니다. 그래서 이 책에 에스테틱의 기본적인 개념과 함께 현실적으로 적용할 수 있는 방법까지 서술하기 위해 노력했습니다.

1~3장은 이론서에 가깝고, 4장부터는 실용서에 가깝습니다. 필요에 따라 선별하셔서 읽으시길 바랍니다.

## ● 매출이 낮아지는 매장에게 현실적인 대안이 있는가?

하지만 미용 산업의 97% 이상이 4인 이하의 영세자영업 중심이며, 연간매출 5,000만 원 이하의 비율이 80.6%로 많은 문제점을 안고 있는 것이 사실이다(박선미, 2019). 이는 계속되는 경기침체와 치열한 경쟁 환경에서 서비스 산업은 새로운 고객보다 기존 고객 유지의 중요성 인식이 확산되며, … (후략) …

출처 : 유채복, 〈에스테틱샵의 지각된 가격과 서비스품질이 재구매 의도에 미치는 영향 : 신뢰의 매개 효과 및 가격 공정성의 조절된 매개 효과〉, 2020, 1쪽.

취약한 산업 구조는 에스테틱 산업의 양극화를 불러오고 있다. 또한 일부 기업 중심으로 에스테틱샵이 전문화, 대형화가 급속도로 실현되고 있는 반면에 3인 이하 소규모의 에스테틱샵은 경영시스템 미흡으로 수익창출의 난

관에 직면하고 있는 것이 현실이며 이렇게 기술 수준은 높지만 경영관리,
마케팅관리, 인사관리, 고객관리, 매장관리 측면에서 전문성이 없는 영세한
에스테틱숍이 증가하고 있는 추세이다.

출처 : 박상화, 〈경영컨설팅 인식과 실태 및 샵 운영 애로사항 분석에 따른 소상공
인정부지원제도 활용방안 연구 소규모 에스테틱 중심으로〉, 2018, 7~8쪽.

**현재 매장의 현실은 매우 어렵습니다.** 거의 모든 업체가 4인 이하의
매장이고, 평균 매출을 정확히 산정할 수는 없겠지만 추정치 또한
낮습니다. **변화무쌍한 시장에서 현실적인 대안, 개혁, 혁신이 필요하지만,
단기적인 처방과 일시적인 해소에 그치고 있습니다.**

일단 상황에 따른 솔루션이 나올 수 있습니다. 정말 크게 보면
상황은 2가지입니다. 첫 번째는 업체를 만드는 단계에서 솔루션
이 필요할 수 있고, 다른 하나는 이미 개업한 상황에서 적용할 수
있는 솔루션이 있겠습니다.

이 책은 그 2가지를 모두 포괄할 수 있게 작성했습니다. 입문하
기 전에 필요한 지식부터 상권 분석, 인테리어, 프로그램 등 만들
어가고 운영하는 과정까지에 필요한 내용으로 구성하였습니다.
당장 제일 시급한 것은 당연히 후자이며, 난이도가 높은 것 또한
후자입니다.

처음부터 새로 만드는 것은 오히려 쉬운 일입니다. 고객의 수가
0부터 시작하기 때문에 의외라고 생각하실 수 있지만, 그것을 감

수하더라도 더 좋은 퀄리티의 매장을 만드는 것이 단가나 유입, 홍보에 있어 훨씬 강점이 생기기 때문입니다.

단순하게 보면 리뉴얼은 기존 이미지가 있기 때문에 조정의 폭이 좁을 수밖에 없습니다. 또한 인테리어 같은 시각적인 것들이 변하지 않고 대체로 화장품이나 도구 등의 혁신에 의존하는 한계가 있습니다.

**고객님의 선택은 현명합니다. 고객님의 돈은 현명하게 움직입니다. 하나하나 짚어가겠지만, 모든 요소를 비교해보고 취합해서 만족할 때 고객님의 카드가 나옵니다.**

이미 개업한 상태에서 매출이 낮아지고 힘들어하는 분들에게 현실적인 대안은 무엇일까요? 막연하게 그만둘 수는 없는 것이고, 다시 다른 프랜차이즈 사업에 뛰어드는 것은 너무나 높은 비용이 요구됩니다.

그 지역, 고객, 매장의 퀄리티, 경쟁상대 등을 분석하고 해결책까지 알려주는 컨설팅을 받아 변화해가는 것이 최선입니다. 컨설팅은 대기업들도 자체적인 문제점과 방향성을 찾지 못할 때 취하는 방편입니다.

하지만 현재 시장에서 에스테틱의 전 범위를 전문적으로 컨설팅해줄 수 있는 분들은 많지 않습니다. 왜냐하면 직접 운영하고 성공한 사례를 가진 분들이 많지 않으며, 현실적으로는 프랜차이즈 사업을 통해 지속적인 수익을 올리는 것이 경제적 이득이 크기 때문입니다.

저는 그래서 이 책이 개별적인 사례들을 담지는 못하더라도, 최대한 일반적으로 적용할 수 있는 방법들을 서술했습니다.

여담으로 저는 자사에서 진행하는 유튜브의 마무리 멘트로 '모르시겠으면 찾아오세요'라고 종종 말합니다. 그런데 어떤 분이 정말 찾아오셨어요. 이 책 9장의 '에스테틱 컨설팅'에 그 일화를 수록했는데, 한 2시간 정도 컨설팅을 해드렸습니다만 도움이 되었을지는 모르겠습니다. 제가 직접 그분의 매장을 방문하고 여러 가지 요인들을 고려할 수는 없는 상황이었으니, 기본적인 방향성만 얘기를 나눴으니까요.

그래도 저는 그분의 그런 도전적인 태도에서 더 성공하실 분이라고 확신했습니다. 다른 사람의 솔루션도 가져가려는 열정과 높은 수용력은 에스테틱의 요소 중 매우 중요하고, 그분에게서는 사람을 끌어모으는 카리스마가 느껴졌기 때문이죠.

참고로 당시에는 비용을 받지 않았어요. 서비스를 드렸으면 당연히 비용을 받아야 했지만, 저도 명확한 체계를 가지고 철저히 준비한 다음에 비용을 받는 것이 맞으니까요.

예를 들어 요식업에서 가장 좋은 컨설팅 중 하나는 백종원 더본

코리아 대표이사님께 직접 받는 게 아닐까요? 그분의 프로그램을 개인적으로 참 좋아하는데, 제가 그러한 입지전적인 인물은 아니지만, 폐쇄된 시장 안에서 정보를 습득하려면 그만큼 더 도전적으로 접근하셔야 합니다. 저 또한 좋은 정보, 아름다운 매장, 새로운 화장품과 테라피를 찾아다니고 있습니다.

## ◑ 왜 역사에서부터 시작해야 하는가? 원인부터 알아야 한다

우리가 모든 분야의 역사를 알면서, 혹은 궁금증을 가지면서 살지는 못합니다. 하지만 그 일을 하는 사람이라면 그 업의 역사와 가치 정도는 알아야 하지 않을까요? 거기서부터 가치가 부여되고, 현대적인 언어로는 이미지나 브랜드가 생깁니다. 정말 단순하게 본다면 가치의 문제는 돈으로 환원되는 문제로 볼 수 있고, 현장에서는 단가의 문제입니다.

그래서 우리 에스테틱 업계의 역사를 개괄하려는 시도는 시장의 발전을 위해 반드시 필요하다고 생각합니다. 우리가 하지 않으면 누구도 하지 않는다는 생각으로 저희가 먼저 시도하였습니다. 에스테틱의 역사부터 시작해, 입문 단계에 해당하는 시험의 골자 및 현황 등을 아울렀습니다.

그리고 지금 자라나는 루키들이 3년 뒤에는 직원이지만, 7~8년 뒤에는 경쟁자로 성장할 수도 있습니다. 그들의 배경을 정말 짧게

나마 아는 것이 유익하다고 생각해서 또 다른 지면을 할애하여 서술했습니다.

이 책은 기술을 단순히 모아놓은 책이 아닙니다. 디테일을 짚어나가지만 9개의 장을 모두 이해하셔야 경영의 이론을 정립할 수 있다고 생각합니다. 몇 가지 기술만으로 대박이 난다면 그것은 이미 모두가 하고 있을 겁니다.

이 책이 한국 에스테틱의 유일무이한 정답까지는 아니겠지만, 업계 최초의 기본서가 될 수 있도록 경험과 이론을 배합하며 1년간 열심히 집필했습니다.

**현실적인 경영에 도움이 되길 바라며 글 들어가겠습니다.**

# 차 례

추천의 글                                        4

**프롤로그** 현실적인 대안을 찾아서              7

매출이 낮아지는 매장에게 현실적인 대안이 있는가?


**1장
에스테틱의
역사**

1. 에스테틱 1세대                            22

2. 에스테틱 2세대                            25

3. 에스테틱 3세대(현재)                      29

4. 에스테틱의 미래                           33


**2장
에스테틱의
기초 단계**

1. 자격 취득                                 43

2. 취업                                      46

3. 창업                                      52

| 3장 에스테틱의 요소 | 1. 자질 | 63 |
| | 2. 경영 | 77 |
| |   1) 자본금과 예상지출 | 77 |
| |   2) 절감 | 79 |
| |   3) 단가 | 81 |
| |   4) 손익분기 설정 | 82 |
| | 3. 시기 | 83 |
| |   1) 적절한 창업 시기 | 83 |
| |   2) 프랜차이즈의 장단점 | 85 |
| |   3) 콘셉트 | 90 |
| |   4) 초입 | 92 |

| 4장 상권 분석 | 1. 상권 분석 | 105 |
| |   1) 지역 분석의 거시적 접근 | 105 |
| |   2) 지역 분석의 미시적 접근 | 109 |
| |   3) 시장 분석 | 113 |
| |   4) 경쟁자 분석 | 116 |
| | 2. 상가 분석 | 120 |
| | 3. 주의 사항 | 121 |

| 5장 인테리어 | 1. 이미지 설정 | 131 |
| | 2. 색 | 133 |
| | 3. 조명 | 136 |

4. 공간과 소품　　　　　　　　　139
　　1) 공간과 공간　　　　　　　140
　　2) 로비와 복도　　　　　　　142
　　3) 진열장　　　　　　　　　144
　　4) 파우더 룸　　　　　　　　146
　　5) 꽃, 그림　　　　　　　　148
　　6) 의자　　　　　　　　　　150
　　7) 상담실　　　　　　　　　151
5. 룸과 침대　　　　　　　　　　152

**6장**
**프로그램 구성과**
**가격 책정**

1. 프로그램 구성　　　　　　　　161
　　1) 프로그램의 명확한 방향성　161
　　2) 프로그램의 시간　　　　　165
　　3) 프로그램의 특수 테크닉　　167
　　4) 프로그램 교육 받는 법　　171
2. 제품 구성　　　　　　　　　　174
3. 가격 책정　　　　　　　　　　180

**7장**
**테라피스트**
**× 직원**

1. 테라피스트 이해　　　　　　　187
2. 테라피스트 시스템　　　　　　192
3. 비전과 교육　　　　　　　　　198

**8장**
**매뉴얼**

1. 고객 매뉴얼     211
2. 직원 매뉴얼     218
    1) 청소     219
    2) 복장과 인사     220
    3) 금지 단어     221
    4) 유연한 매뉴얼     222
    5) 체계     223
3. 대표 매뉴얼     224

**9장**
**빅데이터**

1. 고객 유입 경로     232
2. 매출 분석     236
    - 고객 연령 비율의 의미     236
3. 문제점 파악과 비용 투자     240
4. 마케팅     242
    - 재구매 확률 높일 수 있는 방법     243
5. 에스테틱 컨설팅     246
    1) 원장님과의 대화     246
    2) 견해     249

**에필로그** 평범한 혁신     256

# AESTHETIC BRANDING

1장

# 에스테틱의 역사

5년 전에 통용되던 상식은 이제 낡은 것입니다.

지금은 프랜차이즈의 서비스의 수준은 당연한 것들이 되었고,

소비자분들은 SNS나 유튜브를 통해서

충분히 비교하고 검증된 매장을 찾을 수 있습니다.

**변화하지 않는 에스테틱은 사라진다.**

에스테틱은 1750년 알렉산더 고틀리프 바움가르텐의 저서《미학(Aesthetica)》[1]에서 2편에 걸쳐 서술된 것이 최초로 알려져 있지만, 세계사적으로 보면 미용은 기원전에서도 분명히 존재했습니다.[2]

정작 중요한 것은 인터넷이나 책에서 알려주는 어원 같은 지식이 아니라, 현실에서 어떠한 의미를 가지고 있고 어떻게 이용되는지 등의 실용적인 지식입니다. 제가 서술하고 싶은 에스테틱의 간략한 역사는 한국에서의 역사로 한정될 것이고, 그것들은 컨설팅의 방향을 이해하기 위한 실용적인 지식이 될 것입니다.

이해를 위해 임의로 3세대로 나눴지만 명확한 기준은 있습니다. 1980년대 초기 도입에서부터 2008년 국가자격증[3]의 도입 전까지를 1세대, 국가자격증의 도입으로 인한 대중화와 프랜차이즈의 번성 및 쇠퇴기를 앞당긴 코로나 시기까지를 2세대, 코로나가 지속되면서 시장이 격동하는 지금을 3세대로 분류했습니다.

1장을 역사로 정한 이유는 변하는 시장의 흐름을 알아야 지금의 태동을 이해하고 대비해서 앞으로의 10년, 앞으로의 한 세대를 이겨낼 수 있기 때문이며, 최소한의 목적은 잘 살아남기 위한 것입니다. 이러한 역사적 맥락, 시장의 상황 등을 이해해야 고객들의 니즈를 잘 파악하고 효율적으로 대처할 수 있습니다.

혁신하지 않는 에스테틱은 사라집니다. 불안을 조장하는 이러한 발언은 누구에게나 불편할 수도 있겠습니다. 하지만 경쟁 속에서 살아남고 지속적으로 발전해서 결국 우리나라 화장품 산업이 세계에서 인정받고 있듯이, 에스테틱 또한 40년이 넘는 시간 동안 더 좋은 퀄리티를 갖춘 산업으로 나아가고 있습니다. 이제는 에스테틱도 한국적인 에스테틱, 한국적인 테라피를 만들어 나가야 합니다.

# 1. 에스테틱 1세대

우리나라 에스테틱의 뿌리는 어디서 왔고, 언제부터 시작되었다고 볼 수 있을까요? 여러 가지 자료를 취합해봤을 때, 저는 한국에서 현대적인 의미의 에스테틱은 1980년대를 도입기로 보는 것이 옳다고 생각합니다.

그런데 1세대를 선도했다고 볼 수 있는 김정호 상무님[4]께서는 의외의 부분에서 더 깊은 뿌리가 시작되었다고 생각하셨습니다. 한국 화장품의 출현은 100년도 넘은[5] 일이라고 보셨죠. 직접적인 관련성은 떨어지지만 이야기의 맥락을 보면 왜 그렇게 말씀하셨는지 이해가 됩니다. 요약하면 다음과 같습니다.

① 화장품의 등장(1916년 박가분)

② 화장품 산업화(1945년 태평양, 1947년 럭키화학공업사)

③ 기초화장품의 등장6)(1947년 럭키크림)

④ 한국의 고도성장과 함께 1980년대 수입 화장품의 수요 증가7)

⑤ 한국 화장품도 국외 기술 도입8)

⑥ 경쟁 증가로 미용업계와 결부할 수 있는 뷰티컬리지 도입9)

   (1985년)

⑦ 뷰티업계의 질적 향상

⑧ 프랜차이즈 대두로 대중화와 시스템 형성


주목해야 할 것은 수입 화장품의 등장과 기술의 도입으로 시장의 경쟁력과 경쟁자가 증가함에 따라, 새로운 화장품 유통군이 필요했다는 것입니다. 이것은 시장의 선도자가 화장품 회사가 되었다는, 산업 형태의 변화를 의미하죠. 김정호 선생님도 에스테틱 산업이 1980년대에 들어왔다는 것에는 동의하신 셈입니다.

기업 중심의 자본이 투입되고, 뷰티컬리지가 생겨났고, 질 좋은 교육은 에스테틱의 퀄리티를 향상시켰습니다. 선순환의 시작으로 퀄리티가 상승하고 수요가 증가하면 재투자가 이뤄집니다. 재투자는 직접적인 투자뿐 아니라 대학교 같은 교육 인프라의 증가로도 이어지고, 다시 퀄리티의 상승과 수요의 증가가 따르고, 결국 프랜차이즈 산업의 대두가 가능해졌습니다. 프랜차이즈 산업은 대중화와 시스템 형성에 영향을 미쳤다고 볼 수 있습니다.

결론적으로 1세대와의 개연성을 찾아서 말씀드리면, 새로운 유통 채널로 접목되었다고 보는 시선입니다. 저는 아주 일리 있는 전개였다고 생각합니다. 그렇다면 표현은 난해하지만 직접적으로 표출된 에스테틱의 뿌리는 어떨까요?

도입기라고 한다면 압구정, 청담동이라는 최소한의 지역적인 범위나 최소한의 산업의 크기, 업무의 통일성 등등 대중적으로 산업이라고 인식될 만한 요소를 갖추기 시작한 1980년대가 적합하다고 생각했습니다.

1990년대에는 압구정이나 청담동에 자리 잡고 고가의 외국 화장품으로 관리해주면서 키워드가 생겨났고, 2000년대부터는 경제성이 있다고 판단되어 대중화되기 시작해서, 국가자격증이 도입되기 2년 전인 2006년에 벌써 약 4,600개의 사업체가 있었습니다.10)

파이 자체가 엄청 크지는 않았지만 당연히 국민의 건강과 직결되는 중요한 공중위생분야로 국가자격증이 도입되었습니다. 저는 여기까지를 포괄적이기는 하지만 1세대로 분류하고 싶어요. 10년 단위로 끊는 게 보기는 좋지만, 저의 목적은 경영에 도움이 되는 역사를 다루고 싶기 때문입니다. 그리고 자료들을 봤을 때 국가자격증 도입 이후로 폭증한 자격증 취득자 수와 매장 수 때문이기도 하며, 또한 그로 인해 크게 두 갈래의 시장이 형성되었다고 보기 때문입니다.

# 2. 에스테틱 2세대

국가자격증의 도입으로 5년 동안 10만 명을 넘을 정도로 많은 합격자가 발생했고, 약 4,600개 정도였던 점포는 국가자격증 도입 5년 만에 15,000여 개[11]로 3배 가까이 늘었습니다. 공급과잉은 필연적으로 가격 경쟁을 부추길 수밖에 없었고, 수익성이 떨어지며 재투자가 줄어들어 위생, 제품 등 전체적인 품질이 낮아졌어요.

물론 위생과 품질이 낮아졌다는 것을 객관적인 지표로 증명하라고 하면, 시장 상황과 물가를 동시에 고려해서 당시의 단가와 지금의 단가를 비교하는 방식이 가장 정확할 텐데, 그러한 자료는 거의 없다고 봐야 합니다.

하지만 그런 자료가 없다는 것들이 업계의 관심과 단체의 활동 여력, 산업의 크기, 체계 등 모든 것들이 부족했다는 사실을 방증합니다. 추후에도 최대한 여러 가지 자료를 제시하겠지만, 역사를 가장 잘 대변한다고 경험적으로 느꼈던 자료를 불가피하게 사용하고 해석할 수도 있겠습니다.

크게 봤을 때 매우 중요한 부분은 합격률이 높고, 합격자가 무척 많다는 것입니다.

**피부미용국가자격증 종목별 검정현황[12]**

| 종목명 | 연도 | 필기 | | | 실기 | | |
|---|---|---|---|---|---|---|---|
| | | 응시 | 합격 | 합격률 | 응시 | 합격 | 합격률 |
| 미용사<br>(피부) | 2020 | 33,133 | 16,242 | 49% | 17,547 | 7,484 | 42.7% |
| | 2019 | 38,684 | 17,007 | 44% | 26,477 | 11,358 | 42.9% |
| | 2018 | 39,858 | 17,217 | 43.2% | 28,306 | 11,164 | 39.4% |
| | 2017 | 44,832 | 18,159 | 40.5% | 31,923 | 11,907 | 37.3% |
| | 2016 | 53,511 | 22,156 | 41.4% | 40,497 | 15,021 | 37.1% |
| | 2015 | 51,397 | 19,801 | 38.5% | 37,652 | 13,752 | 36.5% |
| | 2014 | 68,971 | 23,308 | 33.8% | 42,392 | 14,147 | 33.4% |
| | 2013 | 80,265 | 33,439 | 41.7% | 49,004 | 17,288 | 35.3% |
| | 2012 | 62,386 | 30,496 | 48.9% | 41,768 | 16,976 | 40.6% |
| | 2011 | 43,413 | 29,612 | 68.2% | 45,345 | 20,004 | 44.1% |
| | 2010 | 62,725 | 37,089 | 59.1% | 55,518 | 24,862 | 44.8% |
| | 2009 | 73,890 | 34,825 | 47.1% | 63,649 | 32,379 | 50.9% |
| | 2008 | 66,543 | 50,477 | 75.9% | 41,119 | 23,173 | 56.4% |
| 소계 | | 719,608 | 349,828 | 48.6% | 521,197 | 219,515 | 42.1% |

후기에 강조될 내용이지만 자격을 가진 사람이 많다는 것은 경쟁률이 치열해진다는 뜻이고, 자연스럽게 파이를 키우거나 파이를 나눠먹는 선택지가 생깁니다. 제 생각으로는 파이의 증대보다 빠른 속도로 매장의 수가 증가했고, 그렇다면 경쟁률이라도 낮아지면 좋으련만 현재는 표와 같이 합격률에 큰 변동이 없습니다.

그러면 스스로 경쟁력을 키우는 방법밖에는 없습니다. 미용고·미용대까지 생겨나고 있죠. 몇 년 지나면 학사 이상의 학력을 가진 원장님들이 시장을 점유할 것입니다. 이런 상황에서는 현재의 매장들이 경쟁력을 키워야만 합니다. 그게 2세대에서 3세대로 넘어올 때의 가장 큰 덕목이 될 것입니다. 테크닉과 이론, 인테리어, 청결 등의 모든 것이 경쟁력에 포함될 것이고, 저는 계속해서 그런 내용을 서술할 생각입니다.

오해를 방지하고자 첨언하면, 양적 증폭이 국가자격증 도입으로 초래된 결과가 아니라 자격을 너무 쉽게 많이 나눠줘서 생긴 문제라고 보는 게 합당하다고 생각합니다. 하지만 이 책은 그런 비판을 하려는 책이 아니라, 이러한 사실들이 지금 시장에 어떻게 영향을 미치고 있으며 어떻게 대처할지를 고민한 책이기 때문에 넘어가겠습니다.


각설하고 이런 대중화의 흐름 속에서 한편으로는 브랜드를 가진 프랜차이즈 매장들이 생겨났습니다. 프랜차이즈 매장들은 보통 시장에서 1만~2만 원, 30% 가까이 더 비싼 서비스였는데도 오히려 수요가 넘쳐나는 상황이 발생했습니다. 제가 있던 세레니끄의 경우 2010년 매장 6개에서 7년 정도를 경영하니 정상적인 수익을 내는 매장이 최대 60개까지 늘어났습니다.

이러한 이유를 정확히 이해하는 것이 중요한데요. 아무래도 기업의 단위로 진행되는 일이다 보니 기획에서부터 달랐다고 생각합니다.

기획부터 제품과 병행해서 프로그램을 만들기가 수월했고, 특히 긴 시간 동안 화장품 성능에 대한 데이터가 축적되었기 때문에 케어와 결합시켜서 더 효율적으로 프로그램을 만들어낼 수 있었으며, 높은 수요로 대규모 생산이 가능하기 때문에 제품 단가도 낮출 수 있었습니다. 또한 소속 테라피스트는 지속적인 교육을 받고, 인테리어는 깔끔하며, 마케팅도 일괄적으로 할 수 있기 때문에 기존의 시장에 비해서 강점이 많았습니다.

하지만 그중에서도 가장 중요한 특징이라면 신뢰였다고 생각합니다. 신뢰라는 가치는 지속되며, 어떤 타깃에도 통합니다. 20~30대의 젊은 직장인과 30~40대 이상의 젊은 주부, 10대 학생 누구나 신뢰하고 관리 받을 수 있는 매장을 좋아합니다.

한 가지 예를 들면, 당시에는 소위 이름 없는 자극적인 필링이 성행하던 시기라서 제품과 위생 등이 체계적으로 관리되는 프랜차이즈의 시스템에 안전성과 안정감을 느끼는 것은 상당한 강점으로 작용했습니다.

이렇게 2세대는 공급과잉으로 전체적인 품질이 낮아졌던 한편, 체계적인 시스템을 갖춘 프랜차이즈들이 등장하면서 상향평준화의 기회도 생겼습니다. 하지만 전반적으로 본다면 지속적인 공급과잉은 코로나 시대에 들어서면서 그 한계를 더욱 급격하게 맞이하고 있습니다.

# 3. 에스테틱 3세대(현재)

　지금이 2세대에서 3세대로의 과도기라고 생각합니다. 코로나로 인해서 빠르게 앞당겨졌을 뿐이지 코로나 때문에 판도가 바뀐 것은 아닙니다. 5년 전에 통용되던 상식은 이제 낡은 것입니다. 지금은 프랜차이즈의 서비스의 수준은 당연한 것들이 되었고, 소비자분들은 SNS나 유튜브를 통해서 충분히 비교하고 검증된 매장을 찾을 수 있습니다.

　그렇게 해서 태어난 단어로 가성비, 갓심비가 있어요. 이제는 높은 품질은 기본이고 비용이나 화장품에서도 확실한 가격과 출처를 제공해야 하며, 위생에 대해서도 더 각별하게 다루어야 합니다. 또한 SNS를 통한 이미지 소비도 충분히 만족할 수 있도록 아름다운 매장이 준비되어 있어야 합니다. 저는 그런 디테일 또한 이 책에서 나누고자 합니다.

　제가 생각하는 3세대의 방향성은 힐링 케어입니다. 크게 2가지 이유가 있습니다. 한 가지는 소비자의 니즈입니다. 현대인들은 직장인 비율도 높고 스트레스 비율도 매우 높습니다. 근육의 문제뿐만 아니라 불면 증상 등 많은 정서적 압박도 받고 있습니다. 그렇기 때문에 단순히 페이스 케어에 한정되고 있는 시장의 흐름은 시대를 역행한다고 생각합니다. 피부과와 성형외과의 증가 비율을 생각하면 에스테틱은 페이스 케어만을 고수할 여유가 없습니다.

성형외과와 피부과는 나란히 10년 동안 30% 이상 증가했습니다.[13] 대략 피부과가 1,300개, 성형외과가 1,000개 정도가 되었고, 1년이 지난 2021년 2분기 기준으로는 1,373개로 지속적으로 증

**최근 10년간 전국 연도별/지역별 피부과 의원 기관 수 현황[14]**

(2020년 6월 기준)

| (단위: 개소) | 2010 | 2012 | 2014 | 2016 | 2018 | 2020.6 | 비율 (2020년 6월 기준) | 10년간 증가율 |
|---|---|---|---|---|---|---|---|---|
| 계 | 1,002 | 1,079 | 1,112 | 1,188 | 1,279 | 1,344 | 100% | 34.1% |
| 서울 | 397 | 431 | 436 | 460 | 483 | 512 | 38.1% | 29.0% |
| 부산 | 78 | 81 | 88 | 97 | 104 | 107 | 8.0% | 37.2% |
| 인천 | 33 | 36 | 37 | 39 | 45 | 46 | 3.4% | 39.4% |
| 대구 | 55 | 60 | 61 | 64 | 72 | 73 | 5.4% | 32.7% |
| 광주 | 45 | 45 | 50 | 51 | 53 | 53 | 3.9% | 17.8% |
| 대전 | 30 | 33 | 33 | 32 | 36 | 35 | 2.6% | 16.7% |
| 울산 | 15 | 16 | 17 | 20 | 21 | 20 | 1.5% | 33.3% |
| 경기 | 186 | 210 | 217 | 243 | 267 | 288 | 21.4% | 54.8% |
| 강원 | 14 | 14 | 15 | 16 | 16 | 16 | 1.2% | 14.3% |
| 충북 | 16 | 17 | 19 | 19 | 22 | 22 | 1.6% | 37.5% |
| 충남 | 20 | 19 | 22 | 23 | 24 | 25 | 1.9% | 25.0% |
| 전북 | 30 | 31 | 30 | 35 | 36 | 38 | 2.8% | 26.7% |
| 전남 | 19 | 19 | 18 | 17 | 20 | 21 | 1.6% | 10.5% |
| 경북 | 21 | 21 | 21 | 21 | 23 | 26 | 1.9% | 23.8% |
| 경남 | 37 | 40 | 40 | 41 | 45 | 47 | 3.5% | 27.0% |
| 제주 | 6 | 6 | 8 | 8 | 7 | 8 | 0.7% | 33.3% |
| 세종 | | | | 2 | 5 | 7 | 0.5% | |

※ 의원 명칭에 성형외과를 표시한 기관 대상

가하고 있습니다.[15] 이러한 상황에서 계속 페이스만 전문적으로 다루겠다는 것은 늘어나고 있는 피부과, 성형외과 추세와 정면으로 대립하는 일입니다.

흥미로운 자료가 한 가지 더 있습니다. 2020년 코로나 상황에도 피부과와 성형외과의 매출은 10%나 올랐습니다.[16] 코로나로 인해서 뷰티에 대한 관심도가 떨어졌다고 보기는 어렵다고 해석할 수 있습니다.

다른 자료를 보면 같은 뷰티 업계라고 볼 수 있는 미용실의 매출은 -1%로 크게 감소하지 않았습니다.[17] 즉, 코로나로 업계의 매출이 폭발적으로 감소했다고 단순하게 보는 것은 위험할 수 있습니다. 그렇게 되면 코로나가 지나가기만 바랄 수 있으니까요.

만약 업계 전체의 매출이 감소했다면, 코로나가 업계에 직결되는 리스크를 가지고 있었다거나(예시로는 마스크를 착용해서, 메이크업이 줄어들어 메이크업 화장품 매출이 줄어든 경우) 다른 하나는 코로나가 사회 전반적인 인식의 변화를 가져왔는데, 그 변화를 현재 에스테틱 시장의 수준이 따라가지 못한다고 볼 수 있습니다.

하지만 저희 매장의 매출은 증가했고, 매장을 늘리고 있습니다. 자랑이 아니라 같은 방식을 가지고 접근한다면, 같이 변화할 수 있다고 생각합니다. 이러한 것들은 몇 가지 언변으로 해결되는 것이 아닙니다. 고객이 찾는, 고객이 오고 싶어 하는 에스테틱만의 방향성을 만들고, 서비스의 질을 향상시켜야 하며, 그런 것들을 책에서 세부적으로 다루려 합니다.

그래도 누군가는 예전에 잘했기 때문에 피부과와의 경쟁도 해볼 만하다고 생각할 수 있겠지만 2008년 국가자격증 도입 이후 한 해에만 23,000명가량 합격했고, 지금은 약 22만 명이나 자격증을 보유하고 있는 것이 피부미용국가자격증입니다. 매장 수는 통계청 자료에 의하면 2년 전에도 22,000개 정도의 매장이 있었습니다.

대중적인 인지도에서는 전문성이라는 단어의 무게감이 현실적으로 다를 수 있다는 사실을 위의 통계에서 읽어내셔야 합니다. 같은 자격증을 가지고 있다면, 대중들에게는 같은 전문가입니다. 즉, 본인이 그 전문가 사이에서 진정한 전문가로 거듭나려면 훨씬 더 많은 임상과 지식이 병행되어야 가능합니다. 그것은 배워야만 가능합니다.

**한국 에스테틱이 지식을 너무 등한시하는 경향이 있는데, 에스테틱 전문가는 화장품, 피부에 대한 지식과 테라피 테크닉 모두를 겸비해야 합니다.**


**요컨대 지금 3세대의 포인트는 4가지입니다.**

**첫째, 첫인상인 SNS의 중요성. 이제 소비자는 이미지를 먼저 받아들입니다. 투명하게 공개해야 합니다.**

**둘째, 전문성을 가진 피부과가 늘어나고 있습니다. 그렇기 때문에 직접적인 경쟁에서 살아남거나 에스테틱만 할 수 있는 힐링이라는 새로운 포인트를 만들어야 합니다.**

셋째, 코로나로 인해 위생이나 청결에 대한 인식이 더 중요해졌습니다. 에스테틱도 서비스 퀄리티를 향상시켜야만 합니다.

넷째, 피부과뿐 아니라 에스테틱 자체의 숫자도 폭발적으로 증가하고 있습니다. 그렇기 때문에 차이를 느낄 수 있을 정도의 테라피 테크닉과 화장품, 피부의 지식이 필요합니다.

전체적으로 미래 산업으로 나아가려면 퀄리티를 향상시키고 트렌드를 받아들여야 한다는 것은 당연한 얘기입니다. 에스테틱은 페이스에 한정되어 있던 시장에서 우리의 강점을 완벽하게 살릴 수 있는 힐링 케어 산업으로 완벽하게 탈바꿈해야 합니다.

그리고 현란한 도구나 아이템이 아닌 훌륭한 테라피를 전제로 브랜드(매장)에 대한 혁신적 가치, 문화 등 브랜드스토리가 사업성공과 실패를 가르는 중요한 기준이 되고 있습니다. 에스테틱 시장은 테라피와 이론적 지식, 투명성, 위생 등에 아직 개선의 여지가 있고, 또한 나아지고 있다고 저는 믿고 있습니다.

# 4. 에스테틱의 미래

저는 미래에도 이와 같이 심신의 힐링 공간이라는 트렌드는 이어질 것 같습니다. 딥러닝이나 빅데이터 위주의 AI가 발전하고 있

는 지금까지도 사람의 감성과 감각이 필요한 분야는 AI가 대체하기 어렵다고 생각합니다.[18]

**인공지능으로 위험에 처한 직업들[19]**

| 직업 | 소멸 확률 | 직업 | 소멸 확률 |
| --- | --- | --- | --- |
| 텔레마케터 | 0.99 | 소매업자 | 0.92 |
| 시계수선공 | | 보험판매원 | |
| 스포츠 심판 | 0.98 | 미용사 | 0.90 |
| 모델 | | 제빵원 | 0.89 |
| 상점계산원 | 0.97 | 버스·택시기사 | |
| 전화교환원 | | 부동산중개사 | 0.86 |
| 자동차 엔지니어 | 0.96 | 선원·항해사 | 0.83 |
| 카지노 딜러 | | 타이피스트 | 0.81 |
| 레스토랑 요리사 | | 목수 | 0.72 |
| 회계·감사 | 0.94 | 도서관 사서 | 0.65 |
| 웨이터·웨이트리스 | | 시장조사 전문가 | 0.61 |
| 주차요원 | | | |

※ 1에 가까울수록 일자리가 소멸될 위험이 높음

자료를 보시면 이발사(미용사)도 있습니다만, 이것은 너무나 먼 미래거나 신빙성이 떨어진다고 봅니다. 그 이유는 머리의 모질이나 두상, 고객의 니즈를 파악하고 시술을 완벽하게 구현할 정도의 첨단 기술이 발전한다면 다른 분야도 너무나 많은 발전이 일어나 있어, 직업 자체가 엔지니어와 설계자 말고는 존재할지 의문이거든요. AI의 고장마저도 시스템으로 복원하는 사회가 아닐까 생각합니다.

2010년부터 머리를 제대로 감겨주는 기계[20]도 있지만 현재 한국에서 선호도가 낮은 이유는 머리를 감는 행위도 감각이 전달되고 만족감을 드리는 테라피가 되기 때문입니다. 나아가 에스테틱의 테라피 영역을 완벽하게 구현하는 것은 다른 산업에 비해 아주 먼 미래라고 생각합니다.

물론 데이터베이스를 만들고 고객에게 필요한 서비스를 맞춤으로 제공하는 시스템은 더 빨리 발전하겠죠. 저희의 데이터를 예로 든다면, 방문해주시면 질문 드리는 것들 중 하나가 좋으셨던 점, 불편하셨던 점입니다.

500분 정도의 지표로 적은 표본이고 심지어 막연하게 들릴 수도 있지만, 대다수의 고객님들은 너무 힐링이 된 것 같다고 많이 말씀해주십니다. 그런데 주목할 포인트는 그분들이 처음에는 어깨나 근육과 같은 육체의 피로도 있고, 미백이나 리프팅 같은 복합적인 고민을 부분적으로 이해하고 계셨던 분들이 많다는 겁니다.

애초에는 제가 생각하는 힐링을 받으러 온 것이 아니었죠. 하지만 테라피를 받으면서 아로마와 함께 숙면, 휴식을 취하다 보니 정신적 스트레스와 육체적 스트레스를 해소함과 동시에 몸의 밸런스가 좋아지고, 신진대사 · 혈액순환의 촉진으로 피부가 맑아지는 것을 느끼셨을 겁니다. 그것이 본연의 아름다움을 찾는 힐링이라고 공감해주시고 만족하신 것 같아요.

최근에는 테라피를 받은 연령대도 20대 후반부터 70대 이상까지로 넓어졌고, 남성도 적지 않습니다. 노동 시간은 자동화로 인해 지속적인 감소세를 보이고, 결과적으로 사람들은 예술과 아름다움을 추구하는 시대. 영국의 위대한 경제학자인 존 메이너드 케인스가 일찍이 예견했던 세상[21]이 도래하고 있습니다.

당시에만 해도 1차, 2차 산업이 성행하던 시기라 지금의 3차 산업인 서비스업을 예측했다고 볼 수 있겠지만, 나아간다면 4차 산업혁명은 데이터를 통해 통제 가능한 서비스업을 또 줄임으로써, 사람은 미용과 예술에 더 집중할 수 있게 될 거예요.

이렇듯 미래에는 뷰티에 대한 관심과 더불어 삶의 질과 품격을 높이려는 시도가 계속 이어질 것입니다. 그래서 저는 에즈블랑의 정신인 '건강, 아름다움, 행복'을 동시에 해결해줄 수 있는 공간을 조성하려 합니다. 이러한 것들은 보편적으로 원하는 니즈라고 생각하니까요. 그렇게 모두가 원하는 것들을 최대한 많이 드릴 수 있다면, 고객님들도 만족하고 결제해주실 것으로 생각합니다.

심지어 앞으로는 평균 수명[22]을 100~120세까지 예측하고 있기 때문에 미래에도 가치와 수익성이 있는 산업일 것으로 기대하고 있습니다. 물론 아직까지도 품질에 대한 매뉴얼이나 기준이 불명확하고, 가끔은 기본에 대한 자세 자체가 시장에 따라 다르다고 느껴질 때도 있습니다.

화장품 시장이 처음에는 종합 화장품 코너에서 저렴하게 팔리

다가, 기업화되면서 저가이긴 하지만 브랜드라는 개념이 들어섰습니다. 나아가 산업의 수준이 점차 상향평준화되어 지금은 H&B 스토어에서 다양한 물건들을 의심하지 않고 구매할 수 있을 정도로 한국 화장품의 퀄리티가 높아졌고, 신뢰가 두터워졌습니다.[23]

예를 들면, 예전에는 콘셉트가 강한 화장품보다는 브랜드의 신뢰를 먼저 따질 수밖에 없었습니다. 하지만 지금은 투자금이 적거나 인지도가 낮은 회사라도 콘셉트가 흥미롭다면 망설임 없이 구매할 정도로 한국 화장품의 기본기가 좋아졌다고 생각합니다.

**저는 슈퍼에서 편의점으로 보편적인 서비스들이 체계화되고 진화하는 것처럼, 화장품 산업이나 헤어 산업에서 선행되었던 상향평준화의 흐름에 이제는 에스테틱도 직면했다고 생각합니다.** 브랜드가 생겨나고, 경쟁력·체계 등이 전반적으로 상향평준화되면서 한편으로는 도태되는 매장들은 자연스럽게 밀려날 것입니다.

저는 조금이나마 에스테틱 산업의 가치를 높이고 싶기도 했으며, 당장 제가 일하고 있는 에스테틱이라는 브랜드 가치를 만들고 싶어서 책을 쓰고, 유튜브와 방송에 출연하고 있습니다. 한국의 우수한 제품들과 어우러진 우수한 테라피 그리고 감각이 K-beauty, K-esthetic이라고 불리면서, 발전할 것이라고 확신합니다.

다시 책으로 돌아와서, 이상이 있다면 접근법이 중요할 것입니다. 여기서 파생되는 구체적인 방식, 방법들이 디테일의 차이, 퀄리티의 차이겠죠. 이러한 노하우들을 책에 담으려고 노력했습니다.

1) 당시의 미학(Aesthetics)을 다루었지만, 지금의 미용학(Cosmetology) 위주의 내용과는 다르다. 현재의 에스테틱은 아름다움을 가꾸는 행위라는 뜻으로도 통용되고 있다.

2) 투탕카멘의 유명한 '황금마스크' 또한 기원전 1323년에 제작되었고, 미술 작품임에도 화장이 선명하게 되어 있으며, 다른 이집트 벽화에서도 자주 찾아볼 수 있다.

3) 공식명칭은 피부미용국가자격증. 시행기관은 한국산업인력공단. 2008년 10월에 제1회 시험을 시행.

4) 1970년대부터 화장품 업계(라미화장품)에서 근무를 시작하여, 1985년 국내 최초의 뷰티컬리지를 개설했고, 1990년대 화장품 10대 기업 중 유일한 여성 임원이었다. (출처 : 매일경제, 〈[인터뷰] 화장품업계 홍일점 임원 김정호 코리아나 이사〉) 코리아나 화장품에서 세레니끄라는 에스테틱 프랜차이즈 산업을 선도하였다.

5) 박가분(朴家粉)은 일제 강점기인 1916년에 상표 등록하여 판매한 화장품이다. 공산품으로서 제작·판매된 한국 최초의 화장품이다.

6) 흔히 동동구리무로 잘 알려져 있는 국내 최초의 기초화장품은 LG생활건강의 전신인 럭키화학공업사가 1947년 제조·발매한 럭키크림이다. 최초의 화장품연구실은 럭키화학공업사가 만들었다. (출처 : 폴리뉴스, 〈[100년 기업] LG〉)

7) '화장품·주방용품 등 수입 선호도가 큰 소비재는 종래의 50%에서 40% 인하한 후 30%로 조정하였다.' (출처 : 행정안전부 국가기록원, 〈1980년대 관세제도〉)

8) 연도나 정확히 명시된 기록은 없으나, 당시 화장품 업계에 있었던 김정호 선생님의 말씀에 따르면 '1980년 초 화장품 시장이 개방되어 기술제휴 형태로 유럽과 미국의 유명 화장품의 제조기술이 국내에 도입되면서 화장품 시장의 경쟁이 치열해지기 시작했고, 1988년 이후 외국 화장품의 전면 수입이 허용되고 1990년대 중반 오랜 마케팅 경험과 노하우를 지닌 외국 화장품의 국내 지사 설립이 본격화되면서 국내 유명

백화점의 화장품 판매대가 거의 모두 수입 화장품으로 채워지는 변화가 급물살을 타기 시작했다.' 첨언하면, 1999년이 돼서야 화장품법이 분리 독립했다는 것을 감안하면 1980년대의 화장품 개발 상황이 오늘날처럼 체계화되고 기록되기는 어려웠을 것이다.

9) '독일에서 간호사로 일하며 에스테틱 업무를 접했던 윤영전 씨가 1981년 YWCA에서 에스테티션을 양성하는 프로그램을 개설하면서 1세대 에스테티션을 배출하였고, 그 때부터 일반 미용사와 구분되는 피부관리사가 새로운 직업으로 태동하였다.
그 당시 라미화장품에 근무하고 있던 나는 유상옥 회장님(현 코리아나 화장품 창업주)의 배려로 도쿄 맥스뷰티컬리지에서 메이크업과 에스테틱을 수학하는 기회를 얻었는데, 이미 1980년대 초반에도 일본에는 유명 화장품 회사가 뷰티컬리지를 운영하고 있었다.
일본에서 학습한 내용을 기본으로 10년간 화장품 강의를 하며 습득한 나의 노하우를 접목시켜 1985년 국내 최초의 뷰티컬리지인 〈라미 뷰티아카데미〉를 개설하고 많은 에스테티션과 메이크업 아티스트를 양성 · 배출하였다. 그 후 아모레, 한국화장품 등이 그 뒤를 이어 뷰티아카데미를 개설했으며, 그 여파로 2000년 이후 2년제 단과대학에 피부미용학과가 개설되기 시작했다.'

10) 당시에는 국가자격증이나 특별한 인식이 없었기 때문에 통계청 8차 개정판(2006)을 보면 이용업과 미용업만을 구분하는데, 미용업이 83,632개, 이용업은 22,418개로 구분되었기 때문에 정확한 에스테틱 숫자에 대한 자료는 없다. 당시 마사지업 3,360개와 기타 미용 관련 서비스업 1,290개만 헤아린다면 에스테틱은 4,650개로 볼 수 있다. 덧붙여, 통계청의 통계 분류에 따르면 기타 미용 관련 서비스업에는 고객이 원하는 체형을 만들거나 유지하기 위하여 비의료적인 서비스를 제공하는 비만관리센터가 포함된다.

11) 2012년 15,363개. (출처 : 통계청)

12) 출처 : 큐넷 검정현황

13) 건강보험심사평가원.

14) 건강보험심사평가원. 신현영 의원실 재구성.

15) 통계청 2021년 2분기 기준으로 피부과는 1,373개, 성형외과는 1,068개.

16) 데일리메디, "코로나19 2차 확산 불구 '정신·피부·성형·안과' 매출 ↑"

17) 중앙선데이, '코로나 1년…' 사진 자료 중 미용실 매출 참고.

18) 시사캐스트, 〈[JOB&JOB] 미래에 사라질 직업, 혹시 나도?〉

19) 프레이 교수 외 〈고용의 미래〉

20) 제작사 : panasonic, hair-washing-robot, 2010년부터 꾸준히 개발하고 있다. (출처 :
http://www.slashgear.com)

21) 《우리 후손의 경제적 가능성(Economic Possibilities for Our Grandchildren)》, 1930.

22) 현 기대 수명은 83.3세지만 대한민국 통계청의 장래인구추계에 따르면 2050년에
88.2세, 2100년에 90세에 근접한다. 하지만 이것은 통계적 예측이며 〈[최은수 기자의
미래이야기] 현대판 '불로초'가 142세 장수시대 연다〉(매일경제)를 참고하면 기대 수
명은 급격히 증가할 수도 있다. 참고로 기대 수명은 자연사만을 통계로 한다.

23) 이윤정, 〈화장품 자기효능감과 온라인 사용후기의 신뢰도가 브랜드태도에 미치는 영
향〉, 2013, 36쪽. 국내 로드숍 브랜드 기초 화장품에 대해 지각된 품질 수준을 보면,
평균 모두 5점 만점 중 3점 이상을 기록하고 있다. 이 설문이 화장품의 질을 확증하
지는 못한다 해도 인식에 대한 확증은 될 수 있다.

AESTHETIC BRANDING

2장
# 에스테틱의 기초 단계

국가자격증 취득자가 219,515명입니다.

그 중 매장 수가 약 23,000개, 종사자 수가 약 33,000명으로

겨우 15% 정도 됩니다.

왜 그럴까요?

2장에서는 에스테틱의 입문부터 창업까지 가는 단계와 에스테틱에서 사용되는 기본적인 용어들을 요약했습니다. 아직 자격증을 취득하지 않으신 분들이나 학과에서 전공을 정하지 못한 분들을 위해서, 아주 기초적인 지식 및 전반적인 방향성에 대해 간추렸습니다.

# 1. 자격 취득

당연히 자격을 먼저 취득해야 취업을 하고 나아가 창업을 할 수 있습니다. 이·미용업은 자격증[24](피부), 면허증[25]이 분리되어 있습니다. 쉽게 말씀드리면 시험을 보는 것은 자격증이고, 학교를 나오면 면허증이 발급됩니다. 오해하실 수 있는 라이센스인데요. 결론적으로는 2가지 모두 있어야 업계에 종사할 수 있습니다.[26] 하지만 면허증은 자격증과 건강검진 진단서가 있으면 취득할 수 있기 때문에 절차적인 것이라고 생각하시면 됩니다.

자격증의 경우에는 1차적으로 이론 시험을 봅니다. 5개의 항목(피부미용이론, 화장품학 등)에 관해 객관식으로 60개의 문제가 출제되며 시험시간은 1시간입니다. 이론 시험 합격자에 한해 실기 시험을 봅니다. 실기 시험은 4개의 항목을 2시간 15분 동안 시행하며, 두 시험 모두 100점 만점에 60점 이상의 점수를 받으면 합격입니다.

필기 합격률은 최근 2년간 44%, 49%이며, 실기 및 최종 합격률은 최근 2년간 42.9%, 42.7%로서 특정한 요건(대학교나 업무 기간)이 없는 자격증 중에서는 높은 합격률이라고 볼 수 있었습니다. 하지만 2022년부터 출제 기준이 변경[27]되어 항목이 세분화되고 난이도가 상향될 것으로 보입니다.

면허증 같은 경우에는 전문대학 또는 미용 관련 고등학교에서 이(미)용에 관한 학과를 졸업하거나 고등기술학교(교육부장관이 인정하는 학교)에서 1년 이상 이용 또는 미용에 과한 소정의 과정을 이수한 경우 발급 가능하며, 가장 보편적으로는 이(미)용사 국가기술자격증을 취득하고 추가적인 서류 절차를 거치면 면허증이 발급됩니다.

미용 관련 대학교 같은 경우는 화장품 전공을 제외하고도 약 38개의 학교가 학과를 보유하고 있고, 전문대의 경우는 변동 폭이 심해 정확히 집계하기 어려우나 80개 정도의 학과가 있는 것으로 확인했습니다.[28] 물론 최근 교육부의 대학기본역량진단[29] 그리고 산업연계 교육활성화 선도대학사업[30]으로 인해 변동 폭이 커서 매년 예측하기는 쉽지 않습니다.

하지만 신입생 수가 7,000명 이상으로 상당히 많은 편이며, 학과도 100개 이상으로 상당히 많은 편입니다. 참고로 수요와 공급이 많은 컴퓨터공학과가 전국에 130여 개 정도 됩니다. 다만 중요

# 자주 사용되는 용어

## 에스테틱(Esthetic)

직역하면 '미적인(Aesthetic)'이라는 뜻이지만, 아름답게 하는 방식을 포함하면서 피부관리, 피부관리실과 같은 의미로 사용되고 있다.

## 에스테티션(Esthetician)

미용사(피부) 공인 자격증에 표기된 영문명인 만큼 공식 명칭이며, 초기 어원과는 다르게 A가 빠진 'Esthetician'이 한국에서는 바른 표기법이다.

## 테라피(Therapy)

직역하면 '치료, 요법'으로, 에스테틱에서는 피부관리 · 케어 · 웨딩 프로그램과 같은 다양한 의미로 사용할 수 있다.

## 아로마(Aroma)

단순하게 향기라는 뜻으로, 에스테틱에서는 식물에서 추출한 에센셜 오일을 지칭한다. 간혹 독성이 강한 것들이 있어서, 사전 지식 없이 사용하는 것은 위험하다.

## 필링(Peeling)

직역하면 '박피'. 물리적으로 표피를 벗겨내어 각화주기 중 표피 탈락을 촉진시켜 세포 재생을 촉진하는 방법이다. 남용과 오용은 문제를 야기할 수도 있다. [31]

## 카이로프랙틱(Chiropractic)

신경, 근육, 골격을 다루어 치료하는 대체의학 분야이다.

## 스웨디시(Swedish)

스웨덴식 테라피를 지칭한다. 특징으로는 부드러운 테라피가 주류를 이루고, 당연히 근육학에 대한 지식이 요구된다.

한 것은 기사에서도 주요 논지였던, 질적 향상이 수반되어야 한다는 사실입니다.

대학교에서는 당연히 커리큘럼에 따라서 다르지만, 면허증 발급을 고려해서 피부·헤어·메이크업·네일아트 4개를 고루 배우는 곳이 많습니다. 물론 학과가 세분화된 곳도 있습니다.[32] 당연히 이론과 실기를 모두 배우고 실습도 나갑니다. 하지만 이런 의문을 가지신 분들이 종종 계셨습니다.

**'라이센스는 똑같은데 대학교를 꼭 가야 하나요? 그게 취업하는데 차이가 있을까요? 기술직인데 먼저 기술을 배우는 게 좋지 않을까요?'**

저는 장단점이 분명히 있다고 생각합니다. 취업, 창업 파트에서 이어서 다루겠습니다.


# 2. 취업


여기서는 조금 거시적으로 봐주셨으면 좋겠어요. 왜냐하면 '얼마를 받나요?'와 같은 질문들을 만날 수 있는데, 당연히 스태프나 수습 기간에는 근무 시간만큼 받겠죠. 문제는 '교육비를 얼마나 받나?', '교육의 질은 어떤가?', '무료로 해주냐?', '시험을 보려면 현실적으로 외래 교육을 받아야 해서 사비로 병행해야 하느냐?' 등의 질문인데, 이런 개별적인 사례들을 일반화할 수는 없으니까요.

후술하겠지만 스태프 같은 시스템은 최소한 서울·경기권·프랜차이즈 숍에서는 일반적으로 시행되기 때문에 서술하였습니다.

## 헤어

헤어는 일단 미용업계[33)]에서 매장 수와 종사자가 가장 많기 때문에 시스템이나 프랜차이즈가 상대적으로 잘 갖춰져 있고, 프랜차이즈 매장 비율도 미용업계에서는 높고 폐업률도 낮은 편입니다.[34)]

> 통계청 기준(시도·산업·사업체구분별 사업체수, 종사자 수)으로 헤어 매장은 최소 105,020개(본사 포함), 직원 162,257명이다. 미용업 전체 매장의 수 158,693개, 전체 종사자 수 233,541명이라는 것을 고려했을 때, 미용업의 약 70%가 헤어에 종사하고 있다. 참고로 피부 매장은 23,093개, 종사자 수는 33,062명이다.

초기 취업의 형태는 자격증 취득만 하신 분도 있고, 미용고만 나오신 분도 있고, 미용 관련 대학교를 나오신 분도 있습니다. 졸업은 면허증만 나오기 때문에 당연히 개별적으로 자격증을 취득한 것을 전제로 합니다.

약간의 반전이 있다면, 그렇다고 해서 취업의 유무나 업무가 크게 다르지는 않습니다. 이것은 근본적으로 미용이 기술직이기 때문입니다. 일단 기술이 선행되어야 하는데, 빠르게 발전하고 변하는 시장에 맞는 기술을 아무래도 학교에서 다루기에는 현실적인 문제가 있습니다. 그래서 그 숍을 가서 다시 배운다고 생각하시면 편할 것 같습니다.

그렇다면 최종 학력 차이가 아무런 의미가 없을까요? 결론부터 미리 말씀드리면 변화하는 시장에서는 높은 최종 학력이 도움이 될 수밖에 없다고 생각합니다. 이것은 이 장의 마지막에서 종합적으로 서술하기로 하고 일단 넘어가겠습니다.

그리고 스태프로의 진입은 쉬운 편입니다. 그 대신 다른 직업군에 비해서 수습 기간이 긴 편입니다. 헤어의 경우에는 스태프 시스템이 활성화되어 있습니다. 스태프 시스템은 사실상 취업준비생과 다르지 않다고도 할 정도로 길고 긴 수습이라고 볼 수 있고요. 머리 자르는 수준이 될 때까지 매장 차원에서 교육을 담당하는 것이죠.

물론 법적으로도 직원이기 때문에 합당한 대우를 받겠지만, 궁극적으로는 디자이너가 되기 위한 숙련 과정이고, 디자이너를 보조하는 직원들이죠. 스태프는 시험을 보는 곳도 있고, 기간이 되면 승진이라고 해야 할까요? 사소한 부분부터 메인을 볼 수 있게 하는 곳도 있습니다. 그건 매장 마음이라 정확한 지표는 존재할 수가 없습니다. 보통은 시험을 봅니다.

기간은 짧은 곳은 6개월도 하고 긴 곳은 7년도 합니다. 잘못 쓴 게 아니라 7년 맞습니다. 바로 청담동 숍들이 유독 긴 스태프 기간을 가지고 있는데요. 요즘은 5~6년으로 조금 줄었다고도 합니다. 그만큼 하니까 장인급 기술들이 나오는 것이죠. 우리나라의 미용 능력이 뛰어난 데에는 이러한 교육 제도가 한몫을 할 것으로 생각합니다.

'국가 공인 라이센스는 같은데 그런 차이를 어떻게 알 수 있을까? 취업할 때 그런 경력의 진위를 어떻게 알 수 있을까?'

이런 궁금증이 생길 수 있습니다. 하지만 실력 차이가 느껴져요. 기술직이라 티가 납니다. (참고로 엄밀히 말씀드리면, 사실 국가 라이센스 35)가 더 있습니다. 하지만 미용장36)까지 하시는 분들은 많지 않습니다) 스태프와 디자이너의 명확한 기준은 라이센스에 표기가 안 되는 실력과 경력이고요. 디자이너와 스태프는 대우가 무척 다르다고 보면 됩니다. 계약서도 기본적으로 따로 쓰기 때문에, 디자이너는 결코 아무한테나 주는 자격이 아닙니다.

어떤 매장의 디자이너라고 한다면 시장에서, 최소한 우리 브랜드에서 머리를 메인으로 관리할 수 있는, 보이지 않는 라이센스를 받는 것이죠. 그래서 지역 기반으로 명칭을 부르기도 하고, 브랜드 기반으로 명칭을 부르기도 합니다. 그런 사람을 기준 없이 선정하면 브랜드 가치가 떨어지기 때문에 아무렇게나 정할 수는 없습니다.

## 에스테틱

에스테틱의 경우는 먼저 이렇게 접근할게요. 국가자격증 취득자가 219,515명 [37]입니다. 그 중 매장 수가 약 23,000개, 종사자 수가 약 33,000명으로 겨우 15% 정도 됩니다. 왜 그럴까요? 일단은 헤어와 마찬가지로 기술직이라 그렇습니다. 기술직은 라이센스 발급 기준을 책정하는 것이 어렵기 때문에 초기 취득은 수월한 편인 것 같습니다. 시험 자격요건이나 준비기간을 다른 전문직과 비교해보면 정말 많이 다릅니다.

그렇다면 헤어와 에스테틱의 종사자 비율이 달라진 배경에는 어떤 것이 있을까요? 자격증을 가진 사람끼리도 변별력을 갖추는 것이 중요한데, 헤어에서는 청담동 디자이너 같은 지역 브랜드나 특정 브랜드 디자이너로 전통과 실력, 상품의 가치를 만드는 구조가 잘 형성되었지만, 아직 에스테틱에서는 부족한 면이 있습니다.

그것은 시장 전반적으로 봤을 때는 교육 시스템의 차이가 존재한다는 것이죠. 물론 수요의 차이가 크기 때문에 동일선상에서 비교할 수만은 없겠지만, 헤어의 사례를 벤치마킹한다면 또 다른 경쟁력을 갖출 수 있습니다.

다시 취업에 대한 얘기로 돌아오겠습니다. 에스테틱 또한 헤어와 크게 다르지는 않습니다. 업계에 진입하는 것이 어렵지는 않지만, 변별력을 가지는 것은 쉽지 않습니다. 특히나 방금 서술했다시피 브랜드력이 구축되지 않은 시장으로서 딱히 루트를 찾기도 어렵습니다.

에스테틱은 어디 출신 에스테티션이라고 어필하는 부분이 적습니다. 물론 이직에서는 중요한 요인입니다. 아무래도 신입보다는 경력을 선호하고, 경력 중에서는 개인 숍보다는 프랜차이즈를 좋아합니다. 그래서 막 졸업한 루키들의 경우에는 프랜차이즈를 몇 군데 다니는 것이 효율적일 수 있습니다. 조금 더 체계적인 교육과 시스템을 배우기 때문입니다.

헤어는 지역과 실력에 따라서 수익의 격차가 굉장히 큽니다. 헤어의 스태프 시스템과는 다르게 에스테틱은 아무래도 숙련기간이 짧은 편이죠. 개인적으로는 에스테틱 산업이 분명히 헤어의 스태프 시스템처럼 변할 것으로 보고 있지만, 아직까지는 헤어와 비교하면 에스테틱의 변별력이 떨어집니다.

그래서 에스테틱은 어느 정도 비슷한 가격과 서비스가 구축되어 있고, 화장품이나 지리에 의존적입니다. 하지만 역설적으로 시장에서 이런 형태는 좋지 않습니다. 좋은 곳과 평범한 곳이 공존할 때 가격대에 층이 생길 수 있는데, 지금은 품질을 인증할 수단이 없다는 것이죠.

저는 이 책의 방향성과 마찬가지로 큰 비전에 대한 접근 방식이 더 중요하다고 생각합니다. 그것은 미용업의 특성상 누구나 사장이 될 수 있고, 그것을 목표로 하는 것이 올바르다고까지 말씀드릴 수 있기 때문입니다.

그래서 솔직히 취업 자체에 대해서는 조언해드릴 부분이 많지 않습니다. 진입이 어려운 것이 아니라 소위 버텨내고 기술을 숙련하는 것이 중요하고, 취업하기 전 준비를 철저히 하는 것이 숭요하기 때문입니다. 헤어로 따지면 스태프하려고 헤어 하는 것이 아니고, 에스테틱을 월급 테라피스트38)만 하려고 하는 것이 아닐 테니까요.

그래서 잘 생각해보시면 취업 파트는 라이센스에 대한 고찰, 시장의 브랜드 형성에 대한 전제, 취업 전 계획의 중요성 등을 서술했다고도 볼 수 있습니다. 그리하여 창업 파트를 설명하기 위한 전제를 만들었다고 보시면 좋을 것 같습니다.

에스테틱에서는 취업이 문제가 아닙니다. 스태프나 수습의 기간, 경력을 쌓는 동안 기술을 숙련하고 본인의 브랜드와 변별력을 만드는 것이 중요합니다.


# 3. 창업

에스테틱 창업의 형태는 다양합니다. 개인숍, 숍앤숍, 프랜차이즈 가맹점, 본점, 협동조합처럼 각 매장을 합쳐 만든 프랜차이즈,

헤어에서는 생겨나고 있는 공동미용실 등 많은 형태가 있습니다. 지금 중요한 것은 각각의 매장에 어떤 장단점이 있고, 앞으로는 어떻게 변할 것이며, 고객이 어떤 매장을 선호할지를 파악하는 것입니다.

1장에서도 언급했듯이 시장은 변할 겁니다. 2가지 지표를 보여드릴게요. 우선 미용업계의 대표자 연령[39]입니다.

| 두발 미용업 | 매장 수(105,020) | 비율(100%) |
|---|---|---|
| 29세 이하 | 2,879 | 2.7 |
| 30~39세 | 15,303 | 14.6 |
| 40~49세 | 38,189 | 36.3 |
| 50~59세 | 34,301 | 32.7 |
| 60세 이상 | 14,348 | 13.7 |

| 피부 미용업 | 매장 수(23,093) | 비율(100%) |
|---|---|---|
| 29세 이하 | 1,701 | 7.4 |
| 30~39세 | 5,914 | 25.6 |
| 40~49세 | 8,290 | 35.9 |
| 50~59세 | 5,785 | 25 |
| 60세 이상 | 1,403 | 6.1 |

자료를 보시면 가장 큰 차이는 비율로 봤을 때 에스테틱 업계의 연령이 훨씬 낮습니다.

사실 미용업계의 연령대도 다른 업계에 비해서는 젊은 편입니다. 예를 들어 한식 일반 음식점업에 관한 통계청 자료에 따르면,

한식은 약 19만 개의 사업체 중 50대가 34%, 60대 이상이 32%로 50대 이상이 65%가 넘습니다.

다른 자영업의 프랜차이즈 시장 시스템은 대체로 정년퇴직하신 분의 자본에 매니저 + 알바생으로 운영됩니다. 이와 달리 미용업은 애초에 스태프부터 초보디자이너, 디지이너, 수석디자이너, 부원장, 원장을 거치면서 사장이 되는 것이 일반적이기 때문에 훨씬 젊습니다.

에스테틱은 그보다도 더 젊습니다. 그렇다면 다른 산업보다 최신 유행에 밝고 세련된 헤어 업계에 비해서도 에스테틱 업계는 시장에 적응하는 속도는 빠를 가능성이 높습니다. 정보를 빠르게 습득할 것이고, 추후 다루겠지만 에스테틱을 받는 연령이 낮아지고 있기 때문이죠.

앞서 말씀드렸듯이 (화장품 계열까지 포함하면) 미용업계의 대학생 수가 신입생 기준(전문대, 종합대 포함)으로 1만 명 가까이 됩니다. 즉, 1년에 1만 명씩 공급됩니다. 프라임 사업40)에도 화장품 산업을 밀어주고 있다는 것은 크게 봤을 때 에스테틱 업계의 호재이기 때문에, 에스테틱 업계는 기술, 지식, 재료 모두 좋은 풀을 가지고 있다고 보셔야 합니다.

업계 전반의 젊은 연령대와 좋은 풀을 고려하면, 에스테틱이 확실히 다른 산업보다 빠르게 혁신할 수 있다고 봅니다. 젊은 전공자들이 빠르게 사업에 뛰어들 수 있기 때문에 좋은 것은 선택받고 나쁜 것은 배제되는 자연선택이 더 현명하고 빠르겠죠.

이론적인 예측으로는 그렇습니다만, 현실적으로 한 가지 짚고 넘어가야 할 것은 에스테틱 산업이 솔직히 지금 혁신적이고 세련된 산업인가 하는 문제입니다. 정확히는 소비자에게 그렇게 인지되고 있느냐가 중요한 문제가 되겠지요. 그건 비용에 직결되니까요.

물론 에스테틱 산업의 역사가 짧기도 하고, 헤어 산업에 견주어 수요의 차이도 큽니다. 그래서 헤어 산업보다 에스테틱 산업의 발전이 늦었던 것도 어느 정도는 사실입니다. 하지만 다른 측면을 보면, 스태프부터 부원장·원장까지의 단계를 거친 에스테티션은 얼마나 될까요?

헤어는 국가자격증이 없던 시절부터 이미 그러한 숙련 과정이 있었습니다. 이 과정을 통한 실질적인 실력 향상 등 고객이 납득할만한 시스템과 실력이 있었기 때문에 헤어 산업의 성장이 가능했다고 봅니다.

이제 결론이 나옵니다. 어떤 에스테틱 매장이라도 고객이 납득할 만한 시스템과 실력이 기본적인 전제가 되어야 합니다. 현재 에스테틱은 그런 통일되거나 약속된 시스템이 매우 미흡합니다. 그리고 대중적인 미디어 말고 고객으로 직결되는 인스타그램 같은 SNS상에서 인지도를 가진 인물이 더 적기 때문에 퀄리티에 대한 변별력이 떨어지고, 고객에게 보증할 수 있는 게 없다시피 합니다.

어떻게 보면 몇 달 정도를 배워서 자격증 하나로 누구나 들어올 수 있는 시장이기 때문에 법적으로는 다 전문가이고 합법이죠. 역설적으로 그 수많은 전문가 자격증이 변별력을 떨어뜨렸습니다. 그래서 전문가를 소비자가 가려내야 하는 시장, 즉 라이센스만으로 품질 균일화가 불가능한 시장이 형성된 것이죠.

비관적으로 생각하자는 게 아닙니다. 헤어는 비슷한 제도 안에서도 품질을 향상시켰고, 브랜드를 만들어냈으니까요.

물론 여기까지는 시장 전체에 대한 얘기입니다. 이제 개인적인 접근법을 다뤄야겠죠.

**첫 번째,** 저는 여기서 최종 학력에 대한 얘기를 다시 꺼내는 것이 잘 맞을 것 같습니다. 이것은 이제 고객에게 하나의 변별력이 될 수 있을 겁니다. 수개월의 학원 수강, 자격증 취득이 전부인 에스테티션과 학교를 수년간 다녀서 학위를 가진 에스테티션이 있다면, 아무런 다른 정보가 없을 때 고객의 입장에서 어느 쪽을 더 찾겠습니까?

처음에 제기했던 의문에 대한 답변이 될 수도 있는데요. 2년 더 빨리 기술을 배워서 숙련도를 기르는 것도 이득이 되죠. 하지만 결제는 고객이 하잖아요. 6년차에 4년제 나온 전공 학사 오너, 8년차에 2년제 나온 전공생 오너, 10년차에 조금 더 숙련된 오너 중에

누군가를 선택하는 주체는 고객입니다.

**두 번째로,** 시스템을 본인이 만들거나 갑자기 시험을 어렵게 만들어서 라이센스의 가치를 높이는 것은 개인의 능력만으로는 곤란한 문제잖아요. 어떻게든 이 제도 안에서 에스테틱으로 성공하는 것이 중요하겠죠.

성공하려면 당연히 변별력을 내세울 수 있어야 합니다. 상권을 분석해서 접근성을 높이고, 인테리어를 통해서 시각적·정서적 만족을 높여야겠죠. 프로그램을 잘 배합하고 수정해나가면서 탄탄한 이론에 근거해 고객 맞춤 테라피의 품질을 높이는 것도 필수입니다.

나아가 테라피스트 전체의 직업윤리·동기부여·교육의 질을 향상시키고, 명확한 매뉴얼을 통해 고객의 불편을 최소화하고, 빅데이터를 통해 지속 가능한 발전 모델을 만들어내는 겁니다. 그런 부분들을 고객이 납득하면 단가가 높아지고 수익이 높아집니다.

공급이 적었을 때는 한 가지 정도의 강점만 있어도 수익이 만들어졌습니다. 하지만 이제는 공급이 증가하고 프랜차이즈가 체계화되면서 시장에 기대하는 기본의 기준이 상향되었습니다. 그보다 높은 레벨을 유지하면서도 다른 매장과 차별화되어야 수익을 창출합니다. 그 노하우를 하나씩 살펴보겠습니다.

**24)** 관련부처는 보건복지부, 시행기관은 한국산업인력공단. 자격증이라고 하면 보통 이 것을 지칭하는 것으로 시험을 통해 취득한다.

**25)** 면허증은 공중위생관리법(제6조 제1항), 공중위생관리법 시행규칙(제9조 제1항)을 근 거로 하며 국가기술자격법에 의한 이·미용사자격증을 취득하거나 이·미용관련학 교 졸업자가 시·군·구청에 면허를 승인하며, 전문대학 또는 미용관련 고등학교에서 이(미)용에 관한 학과를 졸업한 자의 경우 졸업증명서 또는 학위증명서나 국가기술자 격법에 의한 이(미)용사 국가기술자격증을 취득한 자의 경우 이(미)용사 국가기술자 격증을 가지고 있으면 발급 가능하다.

**26)** 현행 공중위생관리법 6조에 따르면 면허를 받은 사람만이 미용업무에 종사할 수 있다. **(출처 : 뷰티경제, 〈미용실 취업시 미용사 면허증이 필요한가? '면허증 VS 자격증'〉)**

**27)** 이 책 부록 '미용사(피부) 출제 기준' 참조.

**28)** 코스메틱미디어뉴스, 〈47개 일반대학서 화장품·미용 신입생 2천여명 모집〉 코스메틱인사이트, 〈2020학년도 화장품, 뷰티미용학과 신입생 모집 11,133명 작년보 다 3.6% 감소〉

**29)** 대학의 자체 혁신에 따른 적정 규모화 촉진 및 교육의 질 제고, 국가 균형 발전을 고 려, 5개 권역 구분 및 권역별 선정 원칙 적용, 대학이 진단 참여 여부 선택 및 지표 간소화 등 대학 부담 완화. **(출처 : 교육부, 〈2021년 대학 기본역량 진단 기본계획 시안 발표〉)**

**30)** 사회와 산업의 수요에 맞게 정원을 조정하는 대학에 2016년부터 3년간 총 6,000억 원을 지원하는 재정지원 사업이다. 결과적으로는 인문·예체능계의 정원을 줄이고, 이공계 정원 확대와 학내 구조조정을 지원하는 사업이 되고 있다. 대표적으로 건국대 학교 화장품공학과처럼 사업의 성과로 학과가 생긴 사례가 있다. **(출처 : 한경 경제용 어사전, 위키백과)**

31) 강성수, 〈Aging in Skin: 분자생물학적 관점과 관련 연구와 기술에 대한 동향〉, BRIC View

32) 4년제 대학교임에도 3개의 학과가 분리되어 있고, 커리큘럼도 다르다. (출처 : 서경대학교 미용예술대학)

33) 통계청의 한국표준직업분류에서 사용하는 정확한 표현으로는 '이미용 및 관련서비스 종사자(Hairdressing Related Service Workers)'이며, 이는 6가지로 분류된다. 하지만 애완동물 미용사, 기타 미용 관련 서비스 종사원까지 포함되기 때문에 여기서는 헤어와 에스테틱만 다룬다.

34) '미용실은 다른 소상공인 업종에 비해 폐업률이 낮았다. 올해 신종 코로나바이러스 감염증(코로나19)이 전 업종을 흔드는 가운데 미용실은 폐업 매장 수가 지난해보다 오히려 17.9% 줄었다. 미용업의 특성상 적은 인건비와 재료비 등 고정비 지출이 크지 않은 것이 원인으로 추정된다.'
'프랜차이즈 가맹점은 2019년 기준 3,895개로 전체 미용실 중 약 3.7%를 차지했다.' 1년간 증감한 것을 감안하더라도 개인 브랜드의 비율이 95% 이상으로 상당히 높다. (출처 : 조선일보, 〈전국 미용실 약 11만 개⋯ 3분의 2는 연매출 5,000만 원 미만〉)

35) 실기만 살펴보면 386명 응시, 38명 합격으로 9.8%만 합격할 만큼 난이도가 매우 높은 시험이다. (출처 : 보건복지부, 미용장)

36) 미용사 자격증 취득 후 동일분야에서 7년 이상 종사하였거나, 동일분야에서 9년 이상 실무에 종사한 미용인으로 한국산업인력공단이 시행하는 미용장 국가자격시험에 이론과 실기에 최종합격하여 미용장 국가자격증을 취득한 미용인. (출처 : 한국미용장협회, 미용장의 자격)

37) 2008년부터 2020년까지의 합격자만 집계된 것이므로, 추세를 보면 22만 명을 넘었을 것이다.

**38)** 헤어는 특정 시장에서의 직원이라고 볼 수 있는 디자이너들의 매출이 상당히 높고, 고액의 인센티브 제도가 보편화되어 있다. 즉, 헤어는 스태프와 함께 만들 수 있는 한계 매출이 훨씬 높다. 이것은 지금 청담동이나 압구정동의 브랜드를 검색해서 2시간 걸리는 파마의 비용이 얼마인지 확인하면 바로 이해된다.

하지만 에스테틱의 경우는 기술이라는 측면이 헤어에 비해 부각되지 않은 탓에, 비용이 오르면 시간이 비례해서 오른다. 그래서 인테리어와 위치가 아주 압도적인 곳에 근무하는 에스테티션이나 특정 권위자를 제외하면, 에스테티션의 매출이 다른 직업보다는 높지만 헤어보다는 낮다. 요컨대 헤어 디자이너와 에스테티션은 단순히 직원으로서 받을 수 있는 인센티브에 차이가 있다.

**39)** 통계청, 전국 사업체 조사 10차 개정판.

**40)** 건국대학교에 신설된 화장품공학과는 대표적인 프라임 사업의 일부다.

3장

# 에스테틱의 요소

폐업하는 매장들의 특징은 객관화가 안 되었다는 점입니다.

우리 팀은 전국 매장 60개 정도를 보고 비교해서

잘되는 것들을 접목하려고 하는데, 본인의 매장만 보는

몇몇 점주분들이 우리의 객관적 데이터를 불신하고

본인의 감각만 믿는다면 어떤 것이 맞는 걸까요?

**에스테틱을 운영하는 데 가장 기본이 되는 것이 무엇일까요?**

돈, 자격증 등을 생각할 수도 있지만, 저는 접근 방식이 가장 중요하다고 생각합니다. 후술할 자질 파트는 결국 어떠한 접근 방식을 가지고 있냐는 것이고, 경영 파트는 에스테틱 경영에서 가장 기본적인 접근 방식을 아주 간략하게 서술했고, 시기 파트는 내가 어떠한 접근 방식을 가지고 에스테틱에 뛰어들고, 앞으로의 미래를 설계할 것인가에 대한 이야기입니다.

즉, 이 장은 에스테틱 입문·경영·창업에서 극히 기초적으로 명심해야 하는 것들과 큰 방향성을 언급하는 파트입니다. 에스테틱의 요소이자 뼈대라고 생각하시면서 큰 틀에서 이해하셨으면 합니다. 또한 너무 당연한 내용이라는 생각으로 간과할 수 있는 부분이지만, 그것들을 단계별로 이해하고 넘어가는 것이 중요하다고 생각합니다.

# 1. 자질

## 마인드

'당신의 마음에는 무엇이 들어 있는가'

교세라의 창업주인 이나모리 가즈오가 쓴 《왜 리더인가》의 첫

문장입니다.[41] 시가 총액 25조 이상의 거대한 기업을 운영하셨던 CEO가 쓴 책의 첫 페이지를 이렇게 시작할 줄은 몰랐어요. 이 책은 일본에서만 500만 부가 팔렸으니, 그건 대중들과의 공감대를 만들었다는 얘기겠죠. 이 책은 크게 보면 처음부터 끝까지 마인드에 대해서만 얘기합니다.

치킨집, 편의점, 에스테틱 무엇이든 규모를 막론하고 경영한다는 것은 같습니다. 고객에게 각 분야에서 최고의 서비스를 주겠다는 마인드 없이, 작은 장사니까 대충 판매하려는 매장에 가고 싶은 고객은 없겠죠.

그래서 저는 몇 가지 기술적인 부분보다 마인드가 에스테틱에서 가장 중요한 요소라고 생각합니다. 제가 여러 매장을 운영했던 세레니끄 때의 경험을 중점적으로 이해하고 공감하기 쉽게 얘기하고 싶어요.

세레니끄는 7개의 매장에서 시작했고, 제가 퇴사할 무렵에는 60개 정도까지 확장되었어요. 돈 주고도 못 살 엄청난 경험들을 겪고 배운 기회였죠.

MBN 매거진투데이 세레니끄편에 따르면, 2018년 기준으로 세레니끄는 롯데몰, 호텔, 주요 백화점 및 역세권 상권에 60여 개의 가맹점을 운영 중이며, 이달 2일 유명 휴양지인 필리핀 보라카이에 1호점을 공식 오픈한 데 이어, 대만과 말레이시아에도 추가 지점 개설을 계획하는 등 글로벌 프랜차이즈 시장 공략에 박차를 가하고 있다.

세레니끄 가맹점은 크게 2가지 부류의 사장님들이 계셨어요. 투자 목적만 있으신 사장님, 본인이 관심을 가지고 상담이나 테라피스트 일까지 병행하시는 사장님들이었습니다.

물론 후자가 좋습니다만, 처음에는 투자를 받는 입장에서 현실적으로 투자자 분들도 받았어요. 그래서 더 극명하게 장단점을 파악할 수 있었습니다. 누구나 다 유추할 수 있는 것들이지만 경험하고 배운 것들은 정말 큰 도움이 되었어요.

일단 투자로만 접근하신 분들은 지속적인 교육을 듣기 어려워요. 교육을 듣기 위해서는 상당히 많은 시간과 열정이 필요한데, 투자로만 생각하는 분들과 직접 하는 분들과의 차이는 당연히 많이 나죠. 가장 큰 문제는 사실 테스트에 있습니다. 본인도 모르는 것들을 어떻게 테스트해서 퀄리티를 유지할 수 있을까요?

매니저를 고용하면 해결될 거라고 생각하실 수 있습니다. 하지만 그런 사장님이 있는 매장에서는 매니저님들도 소홀하기 쉽습니다. 디테일 관리가 안 되기 시작하면서 타 매장과의 비교에 노출되고, 고객님들은 실망한 매장에 비용을 지불할 이유가 없습니다.

결국 반복되는 이야기지만 본질이 중요하고, 사장님인 본인의 열정과 관심이 있어야 작은 기본들이 잡히면서 퀄리티가 상승합니다. 그렇기 때문에 매장이 40개를 돌파한 이후에는 유능한 테라피스트분들을 선별해 그분들 위주로 매장을 만들었고, 매출이 훨씬 좋아졌습니다.

물론 모든 매장이 잘되는 것은 아니었어요. 그런 매장은 거의 관리가 소홀했지만 보통의 사장님들은 그렇게 생각하지 않고, 경기나 상권을 탓하시죠. 그런 문제가 실제로 있는 매장들이 있지만 우리는 개선해야 할 책무를 가지고 있는 본사 지원팀42)입니다. 그래서 매장의 적자가 1,000만 원 발생하는 문제가 있는 매장들은 경영권을 회수하고, 그 매장들도 테라피스트나 매니저분들 중 열정 있고 유능한 경력자들로 점주를 바꾸는 방법으로 전환했습니다.

당연히 처음에는 겁을 먹죠. 잘하고 있는 분들께 안 되는 매장을 맡으라고 하면 좋을 사람은 없습니다. 그럼 우리 팀은 무엇을 했을까요? 3개월 동안 모든 부분에서 집중관리를 했어요. 노희영 브랜드 컨설턴트가 말씀하셨듯이 '무모한 모험이 아닌 계획된 도전'43)을 했죠. 처음 오픈하는 매장처럼 브랜드의 기본을 다시 생각하며 매뉴얼부터 다시 잡았습니다.

그 기본은 고객에게 관련된 부분을 다시 생각하고 투자하는 겁니다. 예를 들면 이불·수건·가운 등등 고객님이 닿는 모든 부분을 다시 정비했어요. 그래도 나오는 건의사항들을 교체하고 피드백을 주고받으면서 고객과의 신뢰를 형성해나갔습니다.

결국 문제점 하나하나가 수정되어야 하며, 교육과 감정 컨트롤도 중요합니다. 우리가 함께하고 있고 지지하고 있다는 마음이 들게 하는 것도 많은 도움이 된다고 느껴집니다. 운영을 잘하지 못하는 매장을 보면 이런 감정적인 것들과 기본을 간과하는 경우가 정말 많거든요. 직원들도 사람입니다. 열정을 발휘할 수 있게 독려하고 기회를 제공해야 사장님의 리더십도 함께 발전합니다.

그렇게 다시 해보겠다는 의지가 생긴 매장에 고객님들도 기회를 주신다고 생각해요. 퀄리티가 향상되자 고객의 만족도가 올라가고, 수익도 높아지니 재투자가 진행되고, 직원들도 동기가 생겼습니다. 이러한 선순환이 반복되다 보니 바로 매장의 브랜드 가치가 확립되더라고요.

## 감각

에스테틱이 아름다움을 추구하는 뷰티업이라는 사실을 숙지하셔야 합니다.

에스테틱의 어원과 관련해서 미학[44] 분야의 서적을 소개해드렸었죠. 바움가르텐의 《미학》은 아름다움 자체에 관하여 연구하는 책이지만, 에스테틱 종사자의 입장에서 새겨볼만한 부분도 있습니다. 이를테면 아름다움이라는 개념은 인간이 본연히 추구하는 개념이라는 것이죠.

그것은 심지어 《매력 자본》[45]을 통해 알려진 '외모 프리미엄'처럼 분야를 막론하고 수익에서 상관관계를 보이고 있는데, 하물며 에스테틱이라는 분야는 그 아름다움을 추구하는 사람들에게 가장 가까운 곳입니다. 그렇다면 오시는 고객들은 얼마나 많은 관심을 가지고 계실까요? 저는 그분들이 에스테틱에 지불하는 비용이 그 관심을 방증한다고 생각합니다.

하지만 간혹 아무런 계획과 본인의 파악 없이 자격증만 빠르게 취득하고 창업하려는 분이 계신데요. 특정한 지표도 없는 상황에서 수익이 조금 높다는 얘기를 듣고 이런 시도를 하시는 분들이 많습니다.

**직접 투자하셨던 예를 들어볼게요. 한 달에 300만~500만 원 순수익을 만들고 싶다고 카페와 에스테틱을 고려했는데, 외관상의 요소나 근무 여건 등을 중시해서 에스테틱에 투자하셨죠.** 결론부터 말씀드리면 그분은 많이 힘들어 하셨어요. 미흡한 부분이야 찾으면 많겠지만 이 상황만 본다면, 제 생각에 패인은 미적 감각의 부재였다고 봅니다.

외적으로 드러나는 패션, 화장처럼 전체적인 미적 감각도 고객한테 노출되는 이미지고 어필 포인트죠. 또한 하다못해 인스타그램만 하더라도 그런 감각이 있는 분, 관심 있는 분들이 우위를 가질 수밖에 없어요.

다른 예를 들어볼게요. 연예인들이 왜 좋은 인맥과 투자금을 가지고 실패하는 경우가 많을까요? 이렇게 SNS와 같은 홍보가 중요한 시대라면, 사실 지금 연예인분들의 창업은 더 편리해졌어야 하는데 말이죠. 저는 이것도 앞서와 같이 기본적인 요소라고 생각해요. 과연 그 관련업을 얼마나 알고 있으며, 얼마나 그곳에 열정이 있고 투자할 수 있을지가 관건인 거죠.

단적이고 이분법적인 예시일 수 있겠지만, 에스테틱의 경우는 수수하신 분과 꾸미는 것을 즐기시는 분 중 파트너를 정하라고 한다면 저는 후자와 함께하겠습니다. 본인의 자질 중 꾸미는 것도 굉장히 중요하다고 느꼈어요. 에스테틱은 외향적이고 감각적인 직업이라서 소품 하나에서도 조금 더 깔끔하고 아름답게 만들려고 하는 디테일이 필요합니다.

남들보다 1%라도 잘하고 열정이 있고 좋아해야 성취감도 빨리 느끼기 때문에 결국 장기전에서 드러나더라고요. 특별한 자질이나 열정도 없이 남의 얘기만 듣고 성취하려고만 하면, 열정을 가지고 하루하루 노력하는 분들과 경쟁해서 성공할 수 있을까요?

에스테틱은 생각보다 많은 기술과 다양하고 꾸준한 교육이 필요한 직업입니다. 왜냐하면 소비자분들은 똑똑합니다. 몇 번의 질문만으로도 사장님들의 수준을 인지할 수 있어요. 나보다 모르는 전문가한테 돈을 지불하고 서비스를 구매하려고 할까요?

모두가 그렇지는 않지만 그런 디테일들에서 차이가 발생하고 결국 매출이 크게 달라질 수밖에 없습니다. 또한 직원들도 생각과 가치관이 비슷한 사람이나 나아가 비전이 있는 사람을 따라옵니다. 그래서 유능하고 좋은 점주가 있으면 직원들도 따라오더라고요.

그렇게 보면 에스테틱 운영에서 자질과 열정을 가진 것은 사실 가장 중요한 부분입니다. 물론 감각과 꾸미는 것으로만 매장이 성공하는 것은 아니겠죠. 하지만 간과하고 있다고 생각해 강하게 말씀드렸습니다.

## 수용력

**수용은 행동했을 때만 완성됩니다.**

프랜차이즈 관리라는 것이 쉽지 않습니다. 수건 색깔과 냄새까지 하나하나 퀄리티 체크하는 것을 좋아하는 점주는 없습니다. 귀찮다거나 월권이라고 생각하는 분들이 많습니다.

안 되는 매장부터 말씀드리면 수건에서부터 큰 차이가 납니다. 제가 상위권 매장과 하위권 매장의 수건을 직접 가져와 회의 때 보여드리기도 했죠. 비교당하는 것을 대다수는 싫어한다고 생각하지만 고객님들은 비교해보고 매장을 선택합니다. 그리고 비교라는 것은 잘하는 것을 배우는 것이기도 합니다.

사람들은 비교하고 배우는 것보다는 편하게 핑계를 찾을 때가 많더라고요. 그런 매장의 직원들과 점주는 계속해서 중요한 것들을 인지하지 못합니다. 상권 탓, 경기 탓, 본사 탓하며 남의 충고를 전혀 듣지 않습니다.

**폐업하는 매장들의 특징은 객관화가 안 되었다는 점입니다.** 우리 팀은 전국 매장 60개 정도를 보고 비교해서 잘되는 것들을 접목하려고 하는데, 본인의 매장만 보는 몇몇 점주분들이 우리의 객관적 데이터를 불신하고 본인의 감각만 믿는다면 어떤 것이 맞는 걸까요?

문제점을 지적하고 고치라고 하면 잘되는 매장은 오히려 빠르게 받아들입니다. 하지만 안 되는 매장은 문제점을 지적하면 그게 문제가 아니라 더 중요한 것은 다른 문제라고 하죠. 핑계는 폐업할 때까지 끝이 없습니다.

또한 그중 가장 삼가야 할 핑계는 직원을 탓하는 것입니다. 직원분들은 점주를 보고 배웠거나, 관리가 소홀했거나, 교육이 부족했던 것입니다.

교육도 행동하는 것이 중요합니다.

예를 들면, 잘되는 어떤 매장은 원장님이 직원들의 근무일을 빼서 교육을 보냈어요. 매우 어려운 일입니다. 잘되는 매장일수록 직원 한명이 하루에 만들어주는 매출이 상당히 큽니다. 본인이 가져갈 수 있는 돈을 교육에 투자하신 겁니다.

교육을 귀찮다고 안 가시는 분들이 많은데 그러면 고객들은 그 귀찮은 시간에 군이 매장에 방문해줄까요? 노력한 만큼만 돌아오는 것 같습니다. 그 매장은 1,800만~2,000만 원 정도 하는 매장이었는데 6개월 만에 3,000만 원을 유지하더라고요. 그렇게 계속 퀄리티에 투자하는 매장을 고객들도 마음으로 느끼고, 고객이 유출되지 않기 때문에 지속될 수 있습니다.

그리고 안 되는 매장을 이 원장님이 인수하신 적 있는데, 그 매장도 3,000만 원 정도를 유지하게 되더라고요. 처음 인수하자마자 직원들도 한 명 빼고는 모두 교체했고, 교육에 투자하면서 매출을 만들어냈죠. 교육을 먼 미래라고 생각하시면 안 됩니다. 고객은 3개월에 한 번씩 시험을 봅니다. 공부를 안 하면 성적이 떨어져요.

좋은 것들과 안 좋은 것들이 있다면 당연히 좋은 걸 하라고 하겠지만, 중요한 것은 그것들을 실행하는 수용력에 있습니다. 교육이야 당연히 중요하다고 인정하면서도 실행을 하지 않는다면 아무런 의미가 없습니다.

## 셀프 퀄리티 체크

스스로가 기준이 되려고 하시면 안 됩니다. 본인이 스스로의 퀄리티를 체크하는 것은 절대 불가능합니다.

고객이 처음 등교하는 초등학교 1학년처럼 나보다 단순하고, 잘 모를 거라고 생각하시는 경우가 있는데요. 고객은 비싼 제품을 구매하러 왔기 때문에 오히려 본인보다 많은 정보를 가지고 계십니다. 티켓팅은 핸드폰, 냉장고 가격이에요. 저렴한가요? 가방 가격의 티켓팅도 종종 하시잖아요. 그럼 그 비용을 왜 쓸까요? 고민은 안하고 오셨을까요? 다른 것과 비교는요? 말만 잘한다고 해결될까요?

제가 자주 드리는 말씀이 너무 당연하게도 고객의 입장에서 생각하자는 것이죠. 더 단순하게는 내가 먹어보지 않고, 내가 입어보지 않고, 내가 발라보지 않을 것을 남에게 팔려고 하면 될까요? 다른 브랜드들의 케어와 제품들을 비교해보면서 본인의 케어가 어떻게 진행되고 어떻게 느껴질 것 같은지, 케어 중 음악이나 멘트에서 어떤 점이 좋았는지, 이 정도 가격과 프로그램에 만족을 느낄 수 있을지는 당연히 고민하셔야 해요.

거기에 케어 후 고객님들이 사진을 찍고 싶을지, 인테리어 디자인과 이동 동선은 어떤지 등등 모든 것을 고려해서 고객님들은 결제를 하시는 겁니다. 그래서 타사의 서비스, 제품, 트렌드 등 상당히 많은 교육이 기본적으로 필요합니다.

이제는 구체적으로 타사의 매장을 방문하실 때 혹은 저의 유튜브를 보실 때도 기본과 본질이 어떠한 것을 지칭하는지 얘기해볼게요. 저도 완벽하지 않기 때문에 계속해서 교육을 받고 비교하고 수용하려고 합니다. 읽다 보면 아시겠지만 바로 앞의 수용력과 비슷한 덕목입니다. 두 파트로 나눠서 말씀드릴 정도로 중요한 요소입니다.

과신하는 경우가 너무 많아요. 저는 과신이라는 게, 결국에는 발전을 위한 노력을 안 하려는 핑계라고 생각합니다. 내가 이미 완성되어 있다고 생각하면 할 게 없죠. 하지만 산업은 고객들의 니즈와 함께 발전하고 있습니다. 완벽한 테라피는 없다는 마인드를 가지셔야 하고, 나아가 다른 분들의 매장에도 가서서 테라피를 받아보고, 본인의 테라피도 다른 분들에게 냉정하게 평가받는 것이 중요합니다.

## 기본

고객이 비싸도 된다고 생각하는 매장은 뭘까요?

매장을 처음 접할 때, 암묵적 합의를 하는 겁니다. 직접적인 비교는 오해를 낳을 수 있기 때문에 최대한 비유적인 예시로 급수가 정해진 직업을 말씀드리겠습니다. 눈앞에서 대통령을 만났을 때와 9급 공무원을 만났을 때, 우리는 누가 시켜서가 아니라 자연스레 행동이 달라집니다. 이것은 본능적인 것이며 사회적 파워의 차이를 느낀 것이죠.[46]

우리는 그것을 공간에서도 느끼고, 외모에서도 느끼고, 학벌에서도 느낍니다. 그것을 자연스럽게 매장에 대입해보면, 엄청난 퀄리티를 갖춘 매장이나 엄청난 전문가가 있는 매장에서 고객이 비싸다고 투정을 부릴까요?

그렇다면 그 암묵적인 동의를 가져오는 브랜드의 파워는 어디서 올까요?

에스테틱의 기본에 충실해야겠죠. 하지만 그게 쉬울까요? 기본을 어떻게 설정하느냐에 따라서 난이도는 굉장히 달라집니다. 일단 서비스의 기본은 고객의 니즈를 파악하고 그에 상응하는 퀄리티 관리를 하고 제공하면 됩니다. 즉, 고객의 입장에서 기본이라고 생각하는 것들을 하면 됩니다.

또한 제가 회사에 다닐 때 상무님이 그런 말씀을 해주셨어요.

'노동자가 될래? 전문가가 될래?'

모든 사람이 전문가가 되고 싶다고 할 거예요. 답이 정해져 있는 상사의 질문이죠. 맞습니다. 에스테틱도 마찬가지로 에스테틱 전문가가 있는 매장이 기본입니다. 단기적인 판매나 마케팅에만 치중하면 안 된다는 거죠. 기술을 쓰려고 하면 안 됩니다.

그렇다면 전문가는 어떻게 될까요? 최우선적으로는 원장님들이 너무 쉽게 간과하는 것인데 다시 한 번 강조하지만 마인드예요. 주인 의식과 장인정신이죠. 에스테틱은 감각으로 하는 업무이기 때문에 생각보다 쉽게 전달됩니다. 테크닉적인 부분과 언어적인 부분에서 많은 티가 나죠.

그뿐만 아니라, 전문가가 되는 것은 상당한 노력이 필요하기 때문에 노력 대신 핑계를 대는 경우가 훨씬 많습니다. 항상 경제가 안 좋고, 상권이 안 좋고, 본인의 매장 고객님들만 유독 저렴한 관리만을 선호하시는 등등 핑계만 가중되기 때문에 발전하기 어렵습니다. 또한 고객들의 입장을 생각하지도 못하죠.

에스테틱은 촉각, 후각, 청각의 3가지 감각을 만족시켜주셔야 합니다. 이 3감각 중에 한 가지라도 소홀하다면 고객님은 금방 인지하지만 대부분 말씀해주시지 않고, 회원이 되시지 않고, 1회성 고객으로 그칩니다. 이러면 마케팅 비용만 상승하는 구조가 됩니다. 화장품 회사에서 하는 교육은 화장품이 피부에 적용되는 효능 등을 알려주지만, 에스테틱의 시너지를 주기 위한 하나의 도구일 뿐입니다.

가장 우선시해야 할 부분은 본인의 지적인 수준과 테크닉입니다. 특정 할인 이벤트나 마케팅도 마찬가지로 일시적으로는 고객이 오실 수 있지만, 그 고객님들을 장기 고객님으로 만드실 계획이라면 그분들이 만족할만한 구성과 가격의 프로그램이 튼튼하게 준비되어 있어야 하죠. 그런 이벤트를 찾아다니시는 분들은 더 많은 매장을 경험하셨을 가능성이 크기 때문입니다.

다시 강조하지만, 고객의 동선과 비용으로 서비스를 구매해보셔야 고객이 어떤 부분에서 불만이 생겼는지, 어떤 부분에서 티켓팅을 하는지 등을 파악할 수 있습니다. 직원분이 계신다면 그런 부분들을 공유하면서 업그레이드해야 합니다. 비용과 시간이 들고, 많은 노력이 필요합니다. 에스테틱 경영은 나의 열정에서 시작해서 고객님에게 주의를 기울이고 개선해나가는 것이 기본입니다.

# 2. 경영

## 1) 자본금과 예상지출

투자한 만큼만 돌아옵니다. 연 기준으로 투자금 대비 최대 25%를 목표로 해보세요.

자본금은 얼마나 들까요? 예를 들면, 세레니끄 몇 개의 매장은 대략 2억 원은 있어야 했어요. 인테리어, 제품비, 홍보비, 교육비, 상가 보증금 등 많은 부분에서 정교한 투자가 필요합니다.

대충대충 너무 적은 비용을 투자하고, 너무 많은 비용을 받으려는 경우가 있어요. 1인숍이라도 초기 투자금은 중요합니다. 매장이 작으면 고객이 사용하는 물품, 인테리어의 퀄리티를 높여서 비용을 받으려고 해야 합니다. **너무 아끼는 매장에 고객들이 갈 이유가 있을까요?**

너무 높다고 생각하시는 분께는 단호하게 말씀드리고 싶어요. 본인이 5,000만 원 투자해서 1,000만 원 받겠다고 하면, 솔직히 거의 모든 국민이 다 하겠죠. 오히려 그게 된다고 투자하라고 한다면 사기라고 생각해요.

3억 원을 투자해서 1,000만 원 벌겠다고 해야 합리적이라고 생각합니다. 비즈니스의 관점에서 투자 대비 리스크, 장기성, 중도 회수 가능 여부 등을 포함해 수익성을 고려해야 하잖아요. 그런데 자격증과 5,000만 원에 노력이 더해지면 1,000만 원이 나온다는 것은 건물주보다 좋은 수익률이 나온다고 봐야겠죠?

이래서 사업적인 구상을 하실 수 있어야 합니다. 개인 매장의 경우에는 수익의 총량은 줄어들겠지만, 효율을 높이고 수익 비율을 높이기 위해서는 다른 경쟁 매장보다 훨씬 더 특별한 무언가가 있어야 해요. 아니면 노동량을 더 늘릴 수밖에는 없으니까요.

하지만 너무 두려워하실 필요는 없을 것 같아요. 건물이나 펀드를 가지고 있어도 위험성과 변동성을 대비하고 수익을 만드는 것이기 때문에 스트레스와 공부는 병행된다고 생각해요. 본인이 투자한 비용을 고려하면서 효율적으로 매장을 구성한다면 좋은 매장이 나올 수 있습니다. 물론 고객님들이 만족하셔야 투자금을 회수한다는 마인드는 잊으시면 안 됩니다.

여기서 말씀드리고 싶은 건, 얼마가 드느냐가 아니라 넣은 만큼만 가져가야 한다는 말입니다. 투자비용은 충분히 줄일 수가 있잖아요. 내가 내 건물에 인테리어를 안 한다면 제품 값, 베드 값 정도가 드는 것이니까요. 하지만 통상적으로는 월세를 내고, 에스테틱의 기본적인 인테리어와 소품, 화장품 등을 준비하면 최소 5,000만 원에서 2억 원은 나옵니다.

그래야 현대의 수준에 맞는 에스테틱을 만들 수 있다고 생각합니다. 더 많이 투자할수록 퀄리티는 올라가겠죠. 그것은 아주 상세하게 서술하는 인테리어 파트만 봐도 금방 알 수 있을 겁니다.

## 2) 절감

가장 단호한 부분이라고 생각해요. 기업은 어려우면 구조조정을 하고, 국가는 어려우면[47) 긴축정책[48)]을 합니다. 에스테틱은 어떻게 해야 할까요? 근거 없이 존버[49)]라고 해야 할까요?

에스테틱 또한 수익이 떨어지면 원가 절감을 하려는 경우가 생기고 화장품 사용부터 줄어듭니다. 그리고 고객님들이 그런 절감한 행위들을 모를 거라고 생각하세요. 하지만 소비자는 매우 똑똑합니다. 테라피는 저렴한 서비스가 아닙니다. 10회면 몇 년 쓰는 전자제품 가격이 나와요. 그러면 고민을 안 하고 결제하실까요?

그렇게 돈을 펑펑 쓰면 좋겠지만, 현재의 사회는 다이소[50)] 같은 저렴하고 성능 좋은 생필품의 소비가 증가하고 있습니다. 그런 대중성이 갑자기 에스테틱만 오면 결제를 막 하실까요? 절대 아닙니다. 본인의 피부에 닿는 서비스는 충분히 고민하시고 높은 비용을 투자하신 겁니다. 그렇다면 에스테틱은 그 기대에 보답해야 합니다.

그런데 절감해서는 그 기대를 충족시켜드리기 어렵습니다. 당장 임상이 안 좋아지고, 그런데도 단가를 내리지 않는다면 고객은 그 매장을 다닐 이유가 없어집니다. 서비스의 질이 떨어졌는데 같은 비용을 낼 이유가 없죠. 그러면 또 단가가 떨어질 것은 필연적이므로 절감은 악순환의 고리가 됩니다.

이런 반문은 가능합니다. '프랜차이즈 매장에서도 같은 화장품을 사용하는데도 사람에 따라서 매출 차이는 크다고 하지 않았냐? 고객들은 나를 원해서 오는 것이므로 화장품이 조금 바뀌어도 단골들은 올 것이다.'

마인드는 차치한다고 생각합시다. 디테일들은 고객이 정말 모를 수도 있어요. 그래도 소비자분들은 결과를 봅니다. 디테일들이 하나둘 바뀌다 보면 당연히 결과도 바뀔 거라고 확신합니다.

예를 들면, 저희 집 주위의 동일한 프랜차이즈 치킨집 2곳에 배달을 주문할 수 있어요. 토요일에 품절되는데 무슨 기름이 다른지, 튀기는 시간이 다른지는 저희는 몰라요. 단순히 맛있어서 한 곳은 품절되는 것이라고 생각할 뿐이죠. 결과론적인 얘기가 아니냐고 하실 수 있지만 고객님들은 이유 있는 결과를 주시는 것으로 한두 번은 속으실지 몰라도, 반복되면 결과로 귀결됩니다.

그래서 결국 제 생각에 상위권 매장들은 디테일들이 모이는 곳이에요. 에스테틱 사업은 절감하기 매우 어려운 구조입니다. 많은 매장이 이미 더 절감할 게 없을 정도로 타이트하게 오픈하셨고, 또한 기술직이기 때문입니다. 그래서 모든 비용을 고려해서 매장을 만들어야 해요. 즉, 처음 만들 때 설계가 매우 중요합니다.

## 3) 단가

얼굴이든 바디든 고객의 부족한 부분을 케어해드리려면 타깃층과 시간, 비용도 생각해야 합니다. 프로그램 파트에 상세히 서술하였습니다. 이 파트에서는 가볍게 주의하고 들어가는 정도로 말씀드리겠습니다.

단가를 정할 때, 임의로 1~5단계의 가격을 상정한다면(높을수록 시장 대비 높은 가격) 저는 3 이상의 가격대로 설정하셨으면 좋겠어요. 단가를 높게 정한다는 것은 당연히 그에 맞는 퀄리티도 준비되어야 한다는 얘기입니다.

그 이유는 앞서 말씀드렸듯이 에스테틱은 절감하기 매우 어려운 구조고, 단가를 내리고 있다는 것은 이미 악순환에 빠진 경우이기 때문입니다. 또한 기술직이기 때문에 전문성을 길러서 높은 비용을 받고 좋은 서비스를 제공한다는 마인드를 가져야 한다고 생각하며, 가격대가 있어야 교육비 투자와 인테리어 · 위생 등에 재투자도 가능합니다.

그리고 애매한 2개의 테라피를 준비하는 것보다는 주 품목을 정해놓고 옵션을 추가하는 방식이나 도구를 추가하는 방식을 추천해드리고 싶어요. 명확한 방향성과 전문성을 어필해 놓고 그 안에서 다양성을 제공해드리는 것이죠.

다양하게 많은 프로그램을 하는 매장도 있습니다. 하지만 거기에 맞춰서 모든 제품을 준비하기에는 고객님이 부담해야 하는 비용도 늘어나고, 교육에 투자할 시간이 줄어들고, 결과적으로 퀄리티가 떨어지기 때문에 본인이 한 가지의 프로그램을 가지고 중심을 잡아 놓는 게 중요합니다.

## 4) 손익분기 설정

손익분기까지 얼마나 걸리는 것이 맞을까요? 그래프로 본다면 곡선은 예쁘게 점증적으로 우상향할까요? 간단하게 말씀드릴게요. 프랜차이즈는 1개월, 개인 매장은 1분기 매출을 살펴보시면 됩니다.

그 자리에 오래 있으면 잘될 것으로 생각했는데, 신기하게도 프랜차이즈의 경우 첫 달의 매출에서 20% 정도 왔다 갔다 하더라고요. 그만큼 에스테틱 시장도 경쟁자가 많고, 트렌드가 자주 바뀌기 때문에 한번 결제한 고객이 영원할 거라고 생각하시면 안 됩니다. 우리 매장도 계속해서 노력하고 변화하고 있을 것을 고객님이 스스로 느낄 수 있게 노력하셔야 합니다.

반경 3km 이내의 주거 지역이나 상가 내 유동인구를 보셔야 하는데 생각보다 타이트해요. 무슨 뜻이냐면, 에스테틱의 고객은 본인의 생활동선 안에 잡히는 경우가 대다수라는 것이죠. 그래서 단순하게는 포트폴리오 비율로 50%는 단골을 만들어야 합니다.

그러니까 1개월이나 1분기로 말씀드린 이유가, 오픈하면 정말 올만한 사람들은 그 사이에 인지를 하는 거예요. 그래서 손익분기에는 굉장히 빨리 도달하지만, 고객님들이 한번 퀄리티를 체크하고, 회원들(5~10회)의 퀄리티 체크가 끝나면 3개월 만에 우리 매장의 기대 수익이 나오는 겁니다.

# 3. 시기

## 1) 적절한 창업 시기

나이가 몇 살이든, 시작을 기준으로 8~10년 이상 잘되는 매장을 다니면서 노하우도 습득하고, 매출이 낮은 매장에도 가서 그 노하우를 사용해보고, 사장 마인드로 돈도 벌어줘 보고, 마지막 한번은 사장님과 성향이 다른 곳도 가보는 게 좋을 것 같아요.

잘되는 매장이란 단순히 매출이 높은 매장이 아니라, 매뉴얼·교육 같은 시스템과 업무를 마치고 남아서 연습할 여건이 잘 갖춰진 매장이에요. 일을 마치고 피곤할 때 누구나 퇴근하고 싶습니다. 그런 날도 남아서 연습할 열정과 동료들이 있는 곳에서 3년 정도 보내는 것을 말씀드리는 거예요.

안 되는 매장을 경험하면 좋은 이유는, 창업을 해도 경험적으로 부족한 부분을 본인이 알 수가 없어요. 그러니까 실패하는 거죠. 하지만 모르는 부분을 이해하고 수정하라는 것은 논리적으로도 말이 안 되잖아요. 그래서 여러 곳을 경험해보세요. 막연하게 본인 입맛에 맞는 매장을 경험하는 게 아닙니다. 방향성을 가지고, 특징을 파악하시면서 경험을 쌓으셔야 합니다.

특히 상반되는 성향에서도 경험해보는 게 좋습니다. 매출이 높은 매장이라고 해도 매출을 만드는 포인트가 다를 수도 있어요. 혹은 생각보다 문화가 안 좋을 수도 있어요. 왜 다른 방식으로 성공했는지, 왜 다른 방식으로 매출이 낮은지를 볼 수가 있습니다.

그래서 제가 프랜차이즈를 운영할 때 '이 사람이 매니저가 되도 되겠다, 더 나아가 점주가 되어도 되겠구나' 하는 순간이 있어요. 너무 당연한 말일 수도 있는데 배움에 대한 열정이 높고, 성취욕구가 강한 사람, 지구력이 있는 사람이죠. 업무를 최대한 즐기면서 하는 분들이 있었어요.

분명 그런 긍정적인 요소들이 케어를 바꾸고, 문화를 바꾸고, 좋은 매장을 만들어요. 그래서 5명 정도는 그렇게 점주가 되었고, 그분들이 제일 잘해주셨어요. 결국 그런 분들 특징이 출퇴근 시간도 신경 안 쓰고 업무를 돌보고, 업무 외의 일을 하는 것들이 보였어요. 제가 상주하는 것도 아닌데 보였어요.

잠깐의 연기거나 잠깐의 열정이었을 수도 있어요. 하지만 그런 분들을 의심하기 전에 상담이나 티켓팅 등 조금 더 메인을 볼 수 있는 기회를 줘보고 발전하는지를 지켜보면 결국 점주까지 올라 갔던 것 같아요. 그래서 자질, 동기부여, 경험, 결과물을 만들어내는 능력까지 갖춰야 하는 것 같아요.

결론적으로 젊으면 30대에 최소한 매니저로서 3년 정도, 다른 성향의 매장 2곳 이상에서 운영에 가까운 경험을 쌓으면 최소한의 자격은 있을 것 같아요. 저도 그걸 적용하고 있습니다. 에즈블랑의 매장도 유능한 30대의 원장님들이 맡고 있습니다. 이런 시스템을 만든 이유는 7장에서 상세히 서술하겠습니다.

## 2) 프랜차이즈의 장단점

네이버 시사상식사전에서는 프랜차이즈를 다음과 같이 정의하고 있습니다.

'프랜차이즈란 상호, 특허 상표, 기술 등을 보유한 제조업자나 판매업자가 소매점과 계약을 통해 상표의 사용권, 제품의 판매권, 기술 등을 제공하고 대가를 받는 시스템이다.'

가맹점이 할 일이 있고, 본사에서 하는 일이 따로 있는 협업·공생 경제 행위라고도 할 수 있죠.

먼저, 제가 회사에 있으면서 직접 느낀 본사의 업무부터 말씀드릴게요. 세레니끄 프랜차이즈의 본사(코리아나)가 중요하게 생각한 일은 무엇일까요?

가장 중요한 키는 통일성이라고 생각해요. 서울에서 받든, 지방에서 받든 분위기와 퀄리티가 균일해야죠. 그럼 답은 간단해요. 교육이고 그 안에서도 디테일이에요. 그래서 열심히 교육하고 매뉴얼 만들고 하면 될 거라고 생각했어요.

하지만 매뉴얼은 같아도 운영하고 관리하는 사람이 다 다르고, 서로 다른 이해관계가 얽혀있어요. 그래서 가끔 흐트러져요. 네, 그럴 수 있어요. 하지만 결국에 그 프랜차이즈의 포인트를 잃는 건 아주 큰 문제예요.

단순하게 예를 들면, 거대 커피사가 매장마다 서비스 혹은 구체적으로는 화장실은 조금 다를 수 있어요. 하지만 가격과 맛은 같아야 해요. 그래서 저희는 가격 동결, 케어, 청결 등을 집중적으로 강조했어요.

또한 금전적으로 타격을 주거나 하지는 않았고, 잘하는 분들에게는 더 좋은 교육을 제공해드렸어요. 진부한 표현이지만 잘되는 매장은 알아서 합니다. 그러면 궁금한 게 더 많아져요. 그럼 요구하는 게 포상과 교육이에요. 그럼 저희는 형평성과 공정성에 위배되지 않는 선에서 그것들을 충족시켜주면 되는 거죠.

대신 노멀함을 넘어서기는 어려워요. 왜냐하면 프랜차이즈는 모두한테 똑같이 드려야 한다고 했잖아요. 장점이 되면서 단점도 되는 것이죠. 하지만 나쁘다는 뜻이 아니에요. 전문성이 들어가는 작업이기 때문에 그 많은 사람들의 기술력을 유지하는 것도 쉽지 않아서, 매장마다 너무 독특할 수는 없다는 말씀입니다. 또한 기본도 못하는, 자신이 없는 사람은 프랜차이즈를 선택하시는 걸 추천합니다. 많은 노하우를 받을 수 있어요.

대신 교육에 대한 열정이나 비전 등을 배우기 쉽지 않다고 느꼈어요. 왜냐하면 관리사 이상의 권한을 주지 않아요. 그럴 수밖에 없어요. 하지만 정작 중요한 건 본인의 실력과 열정입니다. 냉정히 판단하시면 돼요.

그러면 가맹점은 투자만 하면 수익이 따라오느냐? 당연히 그건 절대 아닙니다. 프랜차이즈도 같은 재료와 같은 레시피로 만들어서 맛이 비슷해도 모든 매장이 잘되는 게 아니에요. 상권의 문제일 수도 있지만, 그런 것들은 사전에 수익률 포트폴리오를 만들 때 계산을 하는 문제입니다. 입점했을 때 예상을 뛰어넘는 매출을 남기거나 예상을 밑도는 매장이 분명히 있습니다.

예시를 들어볼게요. 그날 오는 고객을 매일매일 직접 체크합니다. 하지만 그걸 누가 하나요? 대표가요? 원장이요? 관리사가요? 누가 체크해주는지에 따라서도 고객이 느끼는 퀄리티는 달라요. 또한 이 사람의 상태에 따라서 어떤 프로그램을 해줄지, 테라피스트는 누구를 배치할지 고려해주셔야 합니다. 그래서 공장같이 하면 못해요.

관리가 끝나고 내려가서 바나나를 사주신 고객님이 계셨어요. 케어해준 선생님들한테 고맙다고 사주신 것이 고객님께서 진짜 좋아서 해주신 거잖아요. 그만큼 저희도 사람 대 사람으로서 좋은 케어를 하고 영업을 하면 결제를 해주시는 것 같아요. 같이 좋은 거잖아요.

한 가지 더 강조하자면 프랜차이즈는 지역에 많이 있기 때문에 서비스의 퀄리티에 미묘한 차이를 느껴도 옮길 수 있어요. 왜냐하면 같은 시스템이라는 것은 사람만 다르다는 것이고, 사람만 마음에 안 든다면 옮기면 그만이니까요. 직접적인 서비스를 제공하는 경쟁자가 공존하는 것이죠. 그만큼 가맹점도 서비스에 심혈을 기울여야 합니다.

이제는 통상적인 프랜차이즈 사업에 대해서 서술해볼게요. 도표51)를 보시죠. 업종 선택까지는 되었다고 본다면, 9가지 단계가 남았습니다. 프랜차이즈 사업도 어렵다는 것을 단적으로 보여주고 있습니다. 그렇다면 본인이 모든 것을 처음부터 하려면 얼마나 어려울까요?

그래서 프랜차이즈는 입지 선정, 계약, 인테리어, 마케팅, 교육 등등 시장 안에 안정적으로 진입할 수 있도록 많은 시스템을 제공하죠. 대신 돈이 들겠죠. 그 많은 서비스와 함축된 노하우를 구매하는 데 그만큼의 비용이 투자되는 것이죠. 개인 사업은 그와 반

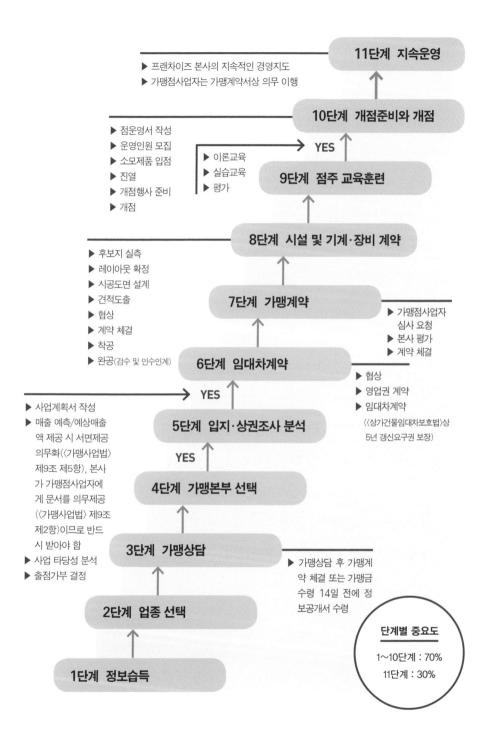

**11단계 지속운영**

▶ 프랜차이즈 본사의 지속적인 경영지도
▶ 가맹점사업자는 가맹계약서상 의무 이행

**10단계 개점준비와 개점**

▶ 점운영서 작성
▶ 운영인원 모집
▶ 소모제품 입점
▶ 진열
▶ 개점행사 준비
▶ 개점

▶ 이론교육
▶ 실습교육
▶ 평가

YES

**9단계 점주 교육훈련**

**8단계 시설 및 기계·장비 계약**

▶ 후보지 실측
▶ 레이아웃 확정
▶ 시공도면 설계
▶ 견적도출
▶ 협상
▶ 계약 체결
▶ 착공
▶ 완공(검수 및 인수인계)

**7단계 가맹계약**

▶ 가맹점사업자 심사 요청
▶ 본사 평가
▶ 계약 체결

**6단계 임대차계약**

▶ 협상
▶ 영업권 계약
▶ 임대차계약
  (〈상가건물임대차보호법〉상 5년 갱신요구권 보장)

YES

**5단계 입지·상권조사 분석**

▶ 사업계획서 작성
▶ 매출 예측/예상매출액 제공 시 서면제공 의무화(〈가맹사업법〉제9조 제5항), 본사가 가맹점사업자에게 문서를 의무제공(〈가맹사업법〉제9조 제2항)이므로 반드시 받아야 함
▶ 사업 타당성 분석
▶ 출점가부 결정

YES

**4단계 가맹본부 선택**

**3단계 가맹상담**

▶ 가맹상담 후 가맹계약 체결 또는 가맹금 수령 14일 전에 정보공개서 수령

**2단계 업종 선택**

**1단계 정보습득**

**단계별 중요도**

1~10단계 : 70%
11단계 : 30%

대로 비용은 최소화하면서 좋은 말로는 독창성을 가질 수 있겠죠. 운영비용에서도 당연히 많은 차이를 보이고요.

이건 선택의 문제입니다. 하지만 강조하고 싶은 사실이 있습니다. 《프랜차이즈 사업 성공 비밀노트》에는 다음과 같은 말이 나옵니다.

"가맹점사업자가 마치 제3자처럼 '가맹본부가 가맹비를 받았으니까 알아서 개점해주겠지' 하는 안일한 수동적인 자세를 취한다면 창업 실패의 가장 큰 요인이 될 수 있다."[52]

완곡하게 표현하셨지만 저는 실패할 수밖에 없다고 생각합니다. 단순하게 봅시다. 본사는 브랜드와 노하우를 제공합니다. 가맹점은 그 브랜드와 노하우를 본인 것으로 만들어서 수익을 창출합니다. 그런데 아무런 준비가 안 되어 있는 분들이 몇 달 만에 전문가가 되어 이 산업 안에서 버틸 수 있을까요?

그래서 초기에 자질에서부터 열정, 정성 같은 마인드가 선행해야 하고, 에스테틱의 경영에 대한 아주 기초적인 이해 그리고 실전적인 경험을 갖추어야 점주가 될 기초 과정을 거친 것입니다. 이건 개인 브랜드를 만들어도 마찬가지입니다.

## 3) 콘셉트

세레니끄 매장을 처음 맡았을 때 7개의 매장을 보면 명동이 적자가 심했고, 분당·압구정 상권이 약간의 적자가 있었어요. 제가 시간이 지나서 알게 된 사실은 첫 번째로 상권 파악이 안 된 상태로 입점했던 것이고, 두 번째는 고객님들의 니즈를 파악하지 않고 프로그램을 만들어서 직원들을 교육시켰던 거였죠. 고객님들의 나이가 어린 곳에서 안티에이징, 바디 프로그램을 열심히 어필하면 결제를 할까요? 그리고 어린 고객에 맞는 가격대는 고려했을까요?

저는 최근에 SNS 시대[53]가 도래하면서, 많은 분들이 콘셉트에 집중하고 있는 것 같아요. 그전에 매장이 있는 상권에 맞는 직원을 뽑아야 하고, 본인부터가 그 상권에 맞는 특성을 가지고 입점해야 해요. 그곳의 룰을 따라야 한다는 것이죠.

최근 에스테틱 콘셉트의 예시를 들면 제품, 카운슬링, 테라피스트 이렇게 3가지 콘셉트를 가지고 마케팅하는 경우가 많은 것 같아요. 저희의 방향성은 확고하지만, 이 3가지도 틀렸다고 생각하지는 않아요. 저는 그저 고객님들의 입장에서 다양한 니즈를 충족시켜드리면 좋다고 생각하고, 완벽한 전문가로서 준비만 되어 있으면 괜찮습니다. 결국 에스테틱 전문가가 되는 것이 기본이고 나머지는 선택의 문제라고 생각해요.

하지만 에스테틱의 기본적인 지식과 기술이 없는 상태에서 판매나 언변에 집중하는 것은 핵심을 벗어난다고 생각합니다. 마찬가지로 테라피스트도 지식을 갖추어야만 전문가라고 할 수 있습니다. 이 짧은 파트를 만들어 굳이 언급하고 가는 까닭은 창업에 있어서 콘셉트나 유행만을 타고 유지할 수는 없다고 생각했기 때문입니다.

## 4) 초입

결론적으로 프랜차이즈를 권장합니다. 거기는 매뉴얼이 강조되는 곳이잖아요. 그 안에서 잘 되는 것과 안 되는 것을 비교하는 능력이 생기는 거니까요. 기본을 먼저 제대로 해야 합니다. 엄청 중요합니다. 처음부터 멋있고 화려한 코어적인 역할만 하려고 하는데, 기본을 해야 합니다. 테라피스트부터 승진해서 매니저를 거쳐 경험을 충분히 쌓고 본인의 매장을 여는 것이 좋아요.

요즘 정보가 많다 보니 쉽게 생각하는 경향이 있는 것 같아요. 유튜브 보고 생기는 전문성보다는 프랜차이즈 가서서 배울 수 있는 게 훨씬 많습니다. 초입하시는 분들에게 무엇보다 강조하고 싶은 것은 위생과 청결입니다. 기본이라 간과하는 분들이 너무 많다는 생각이 들었어요. 기본과 본질을 지키는 것은 매우 어려운 일입니다.

마인드, 경영, 시기의 순서로 3장을 구성했습니다. 이 순서에는 나름의 의도가 있었음을 유념해주세요. 마인드는 가장 선행되어야 하는 부분이니 먼저 말씀드렸는데, 경영을 시기보다 앞에 배치했습니다. 통상적으로는 경험을 쌓고, 오픈을 하고 경영을 한다고 생각하기 때문에 시기 다음 경영이 와야 하지만, **제 생각에 에스테틱은 매니저라는 포지션에서 이미 경영에 대한 기본적인 토대들을 습득해야만 합니다. 과정에 포함되는 것이죠.**

인테리어나 마케팅 같은 것들도 따로 나와서 준비하는 것이 아니라 여러 매장을 근무하고, 다녀보면서 습득할 수 있습니다. 단순하게 매장에 가서 근무만 잘하고 오는 것에서 조금 더 욕심을 부리시면 경영 방법이라는 1가지의 단계를 같이 배울 수 있다는 얘기입니다.

자본금이 얼마나 드는구나, 단가 설정은 정확하게 미리 해야 하는구나, 절감은 거의 실패로 향하는 악순환의 길이구나. 이 정도는 매장에 다니면서 충분히 배우고, 그다음 전문적으로 인구분포와 고객층을 보면서 지역, 상가를 결정하고 인테리어, 마케팅, 매뉴얼 등등 경영에 대해서 한 파트씩 알아가야 합니다.

그리고 초입 얘기가 나와서 드리는 말씀인데, 처음 업계에서 일하면서 불만을 가지는 부분들이 있어요. 바빠서 힘든 와중에 테스트를 한다고 하면 원장이나 매니저한테 테라피를 하는 경우가 많이 있어요. 이에 대해 답변하자면, 원장님들의 경우 테스트와 피드백이 기본입니다.

매일 관리 받는 것이 부럽다고 생각하시는 분들도 있겠지만, 테스트를 위해 테라피를 받는 것이 쉽지 않아요. 잠들면 안 되고, 질릴 수도 있고, 아플 때도 있어요. 거기에 직원이 3명이라면 똑같은 관리를 3번 받는 게 정말 쉽지 않아요. 또 피드백을 해주려면 다른 곳들도 다녀봐야 하고 계속 공부해야 합니다. 좋은 피드백을 해야만 테라피스트의 능력이 증진됩니다.

또한 직원들의 테라피를 꾸준히 받지 않는다면 퀄리티 체크를 하지 않는다는 것이고, 이것은 기본을 벗어난 것이며 또한 고객님들의 컴플레인을 이해하지 못할 때가 많아집니다. 우리 테라피스트가 어떻게 하는지 모르니까, 고객의 반응을 이해하기 어렵죠.

대다수의 고객님들은 의견이 있더라도 말씀 안하고 좋게 가주세요. 다시 오지 않을 확률은 높겠지만요. 그래서 고객의 컴플레인이 엄청 중요한 의견이 될 수 있습니다. 그런 것들을 받아들이셔야 합니다.

**41)** 김윤경 옮김, 다산북스, 2021, 22쪽.

**42)** 당시 회사의 시스템은 본사(코리아나)가 프랜차이즈로 세레니끄를 운영하는 상황으로 본사에서 컨설팅, 교육, 제품, 마케팅 업무를 담당했다. 덧붙여, 앞으로 이 책에서 나오는 세레니끄 관련 전체 매출은 수치를 보증할 수 있는 본사 공급 매출을 기준으로 한다. 하지만 특정 매장을 명시한 경우는 그 매장의 매출을 얘기하는 것이다.

**43)** 노희영, 《노희영의 브랜딩 법칙》, 21세기북스, 2020, 177쪽.

**44)** 미적인 것에 관한 학문. '멋에 관한 학문'이라고 바꾸어 말할 수도 있다. 물론 미학은 상당히 상위의 개념으로 '아름다움을 어떻게 이해하는가?' 등의 방식도 포함한다. 미학의 대표적인 고전으로는 임마누엘 칸트의 《판단력 비판(Kritik der Urteilskraft)》(1790) 등이 있다. **(출처 : 학문명백과, 인문학)**

**45)** 캐서린 하킴 지음, 이현주 옮김, 민음사, 2013, 15쪽.

**46)** 피에르 부르디외 지음, 최종철 옮김, 《구별짓기》, 새물결.

**47)** 여기서의 어려움은 재정건전성(Fiscal Soundness)을 지칭.

**48)** 지출 증가를 억제하거나 감축하는 기조의 재정정책. 긴축적 재정정책을 줄인 말이다. 경기가 과열될 때 경제를 안정시키기 위해 정부 지출을 줄여 과열된 경기를 억제할 수 있다. 반대말은 확장정책 혹은 확장적 재정정책이다. **(출처 : 네이버 지식백과)**

**49)** 성공한 사람들이 젊은이들에게 일단 버티라는 의미로 사용하기 시작한 비속어, 은어.

**50)** 조선일보, 〈다이소, 스타벅스보다 더 벌었다… 2년째 '2兆 클럽' 안착〉

**51)** 서민교, 《프랜차이즈 사업 성공 비밀노트》, 중앙경제평론사, 31쪽.

**52)** 서민교, 앞의 책, 283쪽.

**53)** 8개의 SNS 모두 계정 수 및 사용시간이 증가했다. (출처 : SNS-inside, 〈2021년 최고 소셜미디어 플랫폼은?〉)

# AESTHETIC BRANDING

4장

# 상권 분석

모든 상권, 상가를 분석해드릴 수는 없으니
이 책에서는 같이 계획서를 수립하는 개념으로 알려드리고 싶어요.
프랜차이즈 선택의 여부, 본인 콘셉트에 맞는
상권 분석과 상가 선택 등을 순서대로 다루겠습니다.

# 자본금과 계획

　이제부터는 아주 구체적으로 하나씩 접근해보겠습니다. 우선 에스테틱이나 미용실 등의 업종을 선택하셨다면, 바로 다음에 하는 고민은 무엇일까요? 바로 근무지겠죠. 어디에 들어가야 경쟁은 적고, 단가는 높고, 월세는 낮고, 권리금은 없고 등등 상권과 상가 선택에 중요한 요소들이 많은데, 정보를 얻을 곳은 많지 않습니다. 그래서 이 장에서 최대한 현실적인 문제들을 해결할 수 있도록 서술했습니다.

　**일단 계획을 간과하시는 분들을 위해, 큰 접근법과 순서만 말씀드릴게요.** 에스테틱은 자금의 중요성보다 경험의 중요성, 경험을 다른 말로 하면 데이터의 중요성이 강조됩니다.

　'여러분 비트코인을 하세요!' 제가 갑자기 이런 말을 하고 그 이유가 '아무런 데이터 없이 수익성은 높으니까요' 라고 하면 무책임하잖아요. 전체적인 수익이 얼마나 상승했는지, 리스크 관리법은 있는지 정도는 알아야 소위 단타라는 것이라도 할 수 있을 테니까요.

　즉, 어떠한 산업에 투자를 시도할 때는 구조와 방법을 알고 들어가야 리스크를 관리하고 수익을 만드는 거잖아요. 물론 기획이 뛰어나더라도 실패하고 자본을 잃을 수도 있어요. 하지만 아무런 근거 없이 돈만 많이 투자한다고 성공할 확률이 얼마나 될까요?

펀드매니저도 투자금의 퍼센트와 리스크의 정도를 고려해서 확률을 높이는 직업이잖아요. 이렇게 질문 드릴게요. 적은 자본이지만 펀드매니저와 함께하는 것이 좋을까요? 많은 자금이지만 아무런 정보 없이 투자하는 것이 좋을까요?

후자가 더 많은 돈을 벌 수도 있어요. 같은 종목에서 투자금이 크다는 것은 사업의 크기가 상대적으로 더 클 테니 기대수익은 높겠죠. 하지만 높은 자본으로 시작해서 실패하면, 돌아오기가 어렵죠. 그래서 현실적으로 중요한 것은 일단 망하지 않고, 유지해가면서 노하우를 쌓고, 고객을 쌓고, 수익을 만드는 것이죠.

처음에는 적은 금액으로 주식에 투자해서 경험을 쌓고 큰 자금을 투자하듯, 에스테틱 경영도 남들에게 모험처럼 보이는 것은 사실, 거의 준비가 되어 있는 투자라고 생각해요. 아무것도 모르고 도전하면 큰 손실의 가능성도 높아질 텐데, 그럴 거면 계획은 필요 없어요.

지금 저는 20년 가까이 이 업계에 있었는데, 처음 시작하는 분이 같은 돈을 투자해서 저와 같은 결과물을 얻는다면 그건 천재거나 요행 같아 보이겠지만, 저는 그분이 남들 모르게 엄청난 노력과 대비를 하고 시작했다고 생각합니다.

모든 상권, 상가를 분석해드릴 수는 없으니 이 책에서는 같이 계획서를 수립하는 개념으로 알려드리고 싶어요. 프랜차이즈 선택의 여부, 본인 콘셉트에 맞는 상권 분석과 상가 선택 등을 순서대로 다루겠습니다.

우선, 남들이 크게 한다고 무조건 외적인 것만을 고려하여 크기나 인테리어만 보는 것은 좋은 상가 선택이 아닙니다.

다른 업종, 특히 카페와 많이 비교를 하시는데 카페는 외형이나 특유의 감성만 높은 점수를 받아도 많은 손님이 유입됩니다. 하지만 **에스테틱의 경우는 관광의 요소가 아니라 지속적인 힐링 공간으로서 방향성을 설정하고 상권에서부터 배려되어야 합니다.**

그리고 시장에서의 본인의 경쟁력을 파악한 후 지역의 파이를 고려하는 것이 마땅합니다. 파이가 큰 곳은 경쟁률도 높아서 보다 뛰어난 경쟁력이 필요하기 때문이죠. 이 장에서는 그 모든 지역을 다룰 수는 없으니 대체적으로 접목할 수 있는 포인트를 짚겠습니다.


# 프랜차이즈


서두에 언급해야 오해가 없을 것 같습니다. **제가 여기서 프랜차이즈를 옹호해서 프랜차이즈 사업을 하고 있는 것으로 오해하실 수 있는데요. 에즈블랑은 전부 직영입니다. 가맹사업을 하지 않습니다.** 저는 창업 단계와 매출 노하우를 판매한다고 볼 수 있는 컨설팅을 겸업합니다. 그리고 제가 모든 브랜드를 경영해본 것이 아니기 때문에, 브랜드를 특정하지는 않았습니다.

앞장에서도 언급했듯이 창업하기 전에는 디테일한 계획이 필요합니다. 그런데 역설적으로 계획을 만든다는 것은 여러 가지 요인들을 이미 파악하고 역순으로 대비한다는 것이잖아요. 그렇다면 저희가 대학교 입시 때 학원을 다녔듯이 직접 노하우를 배워야 하는데, 그 포인트를 잘 파악하고 대중화시킨 게 프랜차이즈 산업이에요.

프랜차이즈는 기본적으로 아이덴티티의 통일을 강조하기 때문에 기본적인 요소들을 배우기에는 아주 적합하다고 생각해요. 그 이유는 일단 통일성을 가지게 하려면, 너무 특별하거나 독특한 것을 한국 전체에 고르게 제공하기 어렵잖아요.

물론 가능한 업종도 있겠지만 에스테틱은 기술직입니다. 기술을 아주 똑같이 전수한다는 것은 불가능하고 개인차가 생길 수밖에 없어요. 그렇게 본다면 위생, 청결, 컴플레인들의 대비가 철저해지고, 거기에 더해 지속적이고 체계적인 교육은 분명히 시장에서 중상급의 실력을 제공해요.

프랜차이즈의 가장 큰 장점은 여러 가지의 단계에서 전문가들의 시스템을 이용할 수 있다는 것이죠. 앞서 인용했던《프랜차이즈 사업 성공 비밀노트》에서 매장이 만들어지는 11단계를 살펴봤었는데요. 그 많은 단계에 굉장히 많은 디테일이 필요할 테니, 정보가 없으신 분들에게는 큰 도움이 될 겁니다.

하지만 반드시 고려해야 될 것들이 있어요. 그렇게 좋은 시스템과 함께 매장을 열어도 모든 매장에 본점 같은 서비스가 필수적입니다. 하지만 생각해보면 음식점처럼 레시피가 있어도 동일한 퀄리티를 맞추기 힘든데, 에스테틱의 케어는 특히 사람이 감각으로 하는 기술직이라 매우 어려워요. 점주가 전문성이 필요하기 때문에 오랜 숙련의 기간이 필요하다는 것은 고려해야 합니다. 그 이유를 최근의 예시에서 살펴볼게요.

2021년 3월 23일, 매장으로 가맹 문의 전화가 왔어요. 그분께 분명히 말씀드렸죠. 아무런 경험 없이 시작하시면 돈 2억~3억 원 그냥 날리신다, 본인이 최소 6개월은 하고 재미와 열정이 있어야 할 수 있는 직업이다, 직원으로 일할 자신이 없다면 매니저로 일해 보시고 경험해야 한다, 경쟁성이 낮지만 전문성이 필요하다고요.

예를 들어 떡볶이집 한 군데가 잘되면 그 상가에, 옆 상가에 금방 생기잖아요. 가맹점 전화하면 해주니까요. 동네 미용실과 청담동 헤어숍의 가격이 왜 그렇게 차이가 나겠어요. 전문성과 전통성의 차이잖아요. 대중화되었지만 분명한 차이는 존재하며, 그런 매장만 남아 있다고 생각하시고 노력하셔야 한다고 했어요.

솔직히 본사는 일단 로열티를 받고, 추후 매출이 안 나오는 매장은 점주의 탓으로 책임을 전가하면 그만일 수도 있습니다. 그러면 점주는 간판·상권·매니저만 탓하고, 본사는 점주를 탓하는 부정적인 패턴이 될 것이고 브랜드 손상이 불가피해요. 그렇기 때문에 단기적인 이익을 위해 뻔히 망할 것 같은 사람을 시키는 것은 정도 경영에 어긋나고, 순간의 이윤을 추구하려다가 장기적으로 저한테도 화가 온다고 생각했어요.

마지막으로 프랜차이즈에서 강조하고 싶은 것은 브랜드·인테리어와 매출만 보고 프랜차이즈를 사고, 매니저를 시키면 될 것이라고 생각한다면 장기적인 경영이 어렵다는 사실입니다. 지속적인 트렌드 교육과 경영 마인드, 노하우 등 상표보다 중요한 게 기본이라고 생각해요. 다 안다고 하지만 지속적인 관심, 테스트는 쉬운 일이 아니거든요.

지속적인 관심과 노력이 전제되어야 합니다. 그 이유는 프랜차이즈 매장들이 증가하는 추세인지, 감소하는 추세인지 확인해보세요. 특정하지 않고 전체적인 합계를 말씀드리는 겁니다. 개수를 명시하는 것은 오해를 부를 수 있으니 명시하지 않겠습니다.

저는 주기적으로 여러 개 프랜차이즈의 창업하는 곳, 폐업하는 곳의 지리와 요인을 파악해보는데요. 창업하고 폐업하는 이유가 모두 프랜차이즈 본사에 있다고 생각하지는 않아요. 왜냐하면 저희 매장에도 프랜차이즈 출신 직원분들이 많은데요. 본사와 가맹주분들이 모두 전문가가 되어 전력을 다해야 퀄리티가 증진되고, 고객의 지속적으로 상승하는 욕구를 충족시킬 수 있습니다.

이야기가 다른 곳으로 빠지기 전에 마무리하겠습니다. 제 생각에는 상권 분석은 일정한 공식이 있기 때문에 파트마다 짧게 정리도 해드릴게요.

---

프랜차이즈의 시스템을 이용하는 것은 굉장히 많은 단계를 간소화시켜주며 창업에 많은 도움이 된다. 노하우를 구매했다고 생각하면 된다. 당연히 그 시스템과 교육, 상호를 이용하는 비용은 고려해야 한다. 하지만 선택의 가장 큰 이유였던 운영의 편리함[54]이라는 기대와 달리, 에스테틱은 점주가 기술직으로서의 자아를 가지고 이론과 실기 교육도 지속해야 퀄리티와 수익이 유지된다.

---

# 1. 상권 분석

## 1) 지역 분석의 거시적 접근

**이제는 미용[55]이 대중화되었기 때문에 지역적 상권 분석이 더 중요해졌습니다.** 소득 수준과 지적 수준이 높아지니까 본인한테 레저나 힐링을 위한 투자비용이 늘어났어요. 이제는 특징을 세분화해서 봐야 해요. 리포트에서 2가지는 반드시 짚고 넘어가야 합니다.

첫 번째, 미용은 소득이 증가할수록 받는 횟수가 많아진다는 것인데요. 중요한 것은 소득이 높은 지역을 단순하게 업무지구라고 생각하시면 안 된다는 겁니다. 에스테틱은 열심히 일하시는 분들

혹은 젊은 시절에 많이 하셨던 분들이 쉬러 오는 곳입니다. 쉬고 힐링 받으러 오는데, 차 타고 1시간씩 와서 힐링 열심히 받고 다시 1시간 치열하게 운전해서 돌아가는 것이 그분들에게 효과적일까요? 그냥 걸어가거나 지하철로 10분 정도 이동하는 것이 효과적일까요?

표를 자세히 보시면 미용의 방문 횟수 비율이 상당히 높습니다. 상식적으로 에스테틱은 미용 중에서 한 달에 방문하는 빈도가 가장 높을 수밖에 없습니다.[56] 그렇다면 더더욱 이동하기 편리해야겠죠? 그래서 기업이 많은 업무지구보다도, 유동인구보다도 주거하는 인구가 훨씬 중요합니다.

| 구분<br>(단위 : %) | | 표본수 | 낮잠 | 종교<br>활동 | 미용 | 등산 | 헬스/<br>에어<br>로빅 | 가족·<br>친지<br>방문 | 동창회<br>모임 |
|---|---|---|---|---|---|---|---|---|---|
| 전체 | | 10,060 | 11.7 | 10.2 | 8.1 | 7.8 | 7.8 | 5.6 | 5.1 |
| 성별 | 남성 | 5,028 | 10.7 | 6.5 | 1.0 | 10.7 | 9.7 | 4.8 | 4.5 |
| | 여성 | 5,032 | 12.8 | 13.9 | 15.1 | 4.9 | 5.8 | 6.4 | 5.6 |
| 연령 | 15~19세 | 661 | 6.0 | 4.5 | 8.3 | 0.9 | 4.8 | 1.2 | 0.4 |
| | 20대 | 1,468 | 4.5 | 3.5 | 11.9 | 0.6 | 10.7 | 1.4 | 0.7 |
| | 30대 | 1,643 | 7.7 | 6.0 | 11.7 | 2.7 | 10.5 | 5.5 | 1.7 |
| | 40대 | 1,885 | 8.0 | 8.7 | 11.2 | 7.6 | 9.6 | 4.8 | 4.8 |
| | 50대 | 1,877 | 9.5 | 13.0 | 4.6 | 15.5 | 7.1 | 5.6 | 7.3 |
| | 60대 | 1,324 | 15.0 | 16.6 | 3.5 | 16.6 | 4.7 | 8.7 | 11.3 |
| | 70세 이상 | 1,202 | 36.0 | 18.5 | 3.6 | 5.4 | 3.4 | 11.2 | 7.9 |
| 동거<br>가구원<br>수 | 1인 | 1,692 | 20.0 | 10.9 | 7.4 | 6.3 | 5.9 | 8.5 | 5.9 |
| | 2인 | 2,766 | 16.4 | 13.8 | 5.9 | 10.9 | 6.4 | 8.3 | 8.1 |
| | 3인 이상 | 5,602 | 8.9 | 8.8 | 9.0 | 6.8 | 8.5 | 4.2 | 3.9 |

| 구분<br>(단위 : %) | | 표본수 | 낮잠 | 종교<br>활동 | 미용 | 등산 | 헬스/<br>에어<br>로빅 | 가족·<br>친지<br>방문 | 동창회<br>모임 |
|---|---|---|---|---|---|---|---|---|---|
| 혼인<br>상태 | 미혼 | 2,901 | 5.3 | 3.9 | 9.8 | 2.1 | 9.9 | 1.3 | 0.9 |
| | 기혼 | 5,965 | 12.4 | 12.0 | 7.5 | 10.5 | 7.6 | 6.7 | 6.6 |
| | 사별·이혼·기타 | 1,194 | 27.3 | 17.3 | 6.3 | 6.8 | 2.4 | 11.0 | 7.4 |
| 가구주<br>여부 | 가구주 | 6,563 | 13.9 | 9.9 | 5.2 | 10.6 | 7.4 | 6.7 | 5.6 |
| | 가구주 아님 | 3,497 | 9.1 | 10.6 | 11.6 | 4.3 | 8.3 | 4.2 | 4.5 |
| 종사자<br>지위 | 상용근로자 | 2,965 | 7.8 | 6.5 | 9.3 | 8.1 | 10.3 | 4.3 | 3.9 |
| | 임시근로자 | 497 | 7.4 | 8.6 | 10.0 | 6.5 | 5.3 | 3.8 | 5.4 |
| | 일용근로자 | 165 | 10.5 | 12.5 | 3.3 | 4.9 | 1.9 | 3.9 | 6.9 |
| | 고용원을 둔<br>사업자 | 337 | 11.6 | 9.2 | 3.0 | 12.6 | 7.9 | 3.6 | 3.8 |
| | 고용원이 없는<br>자영자 | 2,006 | 11.0 | 11.2 | 5.0 | 12.8 | 7.1 | 7.8 | 7.4 |
| | 무급가족종사자 | 250 | 11.5 | 19.7 | 11.4 | 4.9 | 4.1 | 8.4 | 13.1 |
| | 기타종사자 | 47 | 4.4 | 24.1 | 7.2 | 7.5 | 13.6 | – | 2.7 |
| | 해당없음(무직) | 3,793 | 15.9 | 12.1 | 8.9 | 4.9 | 6.9 | 5.8 | 4.3 |
| 가구<br>소득 | 100만 원 미만 | 939 | 35.6 | 16.5 | 4.9 | 4.3 | 2.2 | 11.8 | 6.7 |
| | 100만~200만 원 | 929 | 19.5 | 15.1 | 5.9 | 8.9 | 3.6 | 9.2 | 8.9 |
| | 200만~300만 원 | 1,613 | 15.2 | 10.8 | 7.3 | 9.6 | 5.7 | 7.1 | 6.8 |
| | 300만~400만 원 | 2,184 | 10.8 | 9.0 | 8.1 | 8.6 | 7.4 | 5.8 | 4.9 |
| | 400만~500만 원 | 1,785 | 9.1 | 10.4 | 7.9 | 8.4 | 8.4 | 3.9 | 4.2 |
| | 500만~600만 원 | 1,394 | 6.7 | 7.9 | 9.2 | 6.0 | 10.5 | 3.5 | 4.3 |
| | 600만 원 이상 | 1,216 | 5.0 | 8.7 | 10.0 | 7.2 | 10.7 | 3.9 | 3.3 |
| 지역<br>규모 | 대도시 | 4,235 | 9.9 | 10.7 | 8.1 | 8.4 | 8.8 | 4.8 | 4.5 |
| | 중소도시 | 3,331 | 11.3 | 9.6 | 8.0 | 7.5 | 8.0 | 5.6 | 4.3 |
| | 읍면지역 | 2,494 | 16.5 | 10.5 | 8.0 | 7.2 | 5.1 | 7.2 | 7.8 |
| 권역 | 수도권 | 3,179 | 10.5 | 11.7 | 10.1 | 7.9 | 7.3 | 5.5 | 3.4 |
| | 강원/제주권 | 765 | 13.5 | 10.3 | 6.5 | 6.9 | 8.1 | 7.8 | 7.0 |
| | 충청/세종권 | 1,693 | 13.2 | 10.3 | 9.6 | 7.8 | 7.2 | 5.8 | 7.0 |
| | 호남권 | 1,447 | 13.3 | 12.7 | 6.0 | 6.8 | 6.4 | 5.0 | 5.8 |

| 구분<br>(단위 : %) | | 표본수 | 낮잠 | 종교<br>활동 | 미용 | 등산 | 헬스/<br>에어<br>로빅 | 가족·<br>친지<br>방문 | 동창회<br>모임 |
|---|---|---|---|---|---|---|---|---|---|
| 권역 | 호남권 | 1,447 | 13.3 | 12.7 | 6.0 | 6.8 | 6.4 | 5.0 | 5.8 |
| | 대경권 | 1,195 | 14.8 | 5.3 | 4.9 | 6.1 | 6.3 | 6.2 | 8.5 |
| | 동남권 | 1,781 | 11.1 | 6.9 | 4.1 | 9.3 | 11.6 | 5.0 | 6.0 |
| 17개<br>시도 | 서울 | 1,191 | 9.0 | 12.6 | 11.7 | 9.5 | 8.0 | 5.5 | 3.2 |
| | 부산 | 693 | 10.8 | 6.5 | 4.2 | 9.3 | 13.5 | 4.3 | 3.9 |
| | 대구 | 584 | 14.7 | 4.5 | 4.3 | 7.7 | 6.9 | 4.8 | 9.8 |
| | 인천 | 644 | 7.6 | 14.4 | 4.9 | 4.9 | 9.4 | 3.3 | 2.4 |
| | 광주 | 451 | 10.9 | 12.2 | 3.7 | 7.2 | 7.1 | 5.7 | 3.6 |
| | 대전 | 463 | 15.7 | 10.3 | 9.5 | 6.8 | 5.2 | 3.4 | 8.9 |
| | 울산 | 406 | 10.0 | 6.5 | 6.0 | 10.7 | 11.9 | 7.3 | 9.2 |
| | 세종 | 201 | 7.9 | 5.9 | 2.5 | 5.9 | 16.4 | 9.3 | 1.0 |
| | 경기 | 1,344 | 12.4 | 10.5 | 10.0 | 7.4 | 6.3 | 6.0 | 3.8 |
| | 강원 | 463 | 10.1 | 11.8 | 6.8 | 4.4 | 8.4 | 8.2 | 8.3 |
| | 충북 | 475 | 15.2 | 8.3 | 11.7 | 5.6 | 5.9 | 3.7 | 3.9 |
| | 충남 | 554 | 10.7 | 12.4 | 9.2 | 10.3 | 8.3 | 8.6 | 8.8 |
| | 전북 | 496 | 11.7 | 11.8 | 6.3 | 5.9 | 8.9 | 4.4 | 7.6 |
| | 전남 | 500 | 17.1 | 14.2 | 7.7 | 7.5 | 3.2 | 5.0 | 5.7 |
| | 경북 | 611 | 14.8 | 5.9 | 5.5 | 4.8 | 5.7 | 7.5 | 7.4 |
| | 경남 | 682 | 11.8 | 7.5 | 3.3 | 8.9 | 9.5 | 5.1 | 7.1 |
| | 제주 | 302 | 21.6 | 6.7 | 5.7 | 13.0 | 7.3 | 6.8 | 4.0 |
| 장애<br>여부 | 장애등록 | 151 | 35.8 | 22.3 | 1.8 | 6.7 | 3.2 | 7.6 | 8.6 |
| | 미등록 | 55 | 47.0 | 14.6 | 8.3 | - | 3.6 | 26.6 | 10.3 |
| | 해당사항없음 | 9,854 | 11.3 | 10.1 | 8.1 | 7.8 | 7.9 | 5.5 | 5.0 |

두 번째는 역시나 서울권이 빈도가 높다는 것이었는데요. 문제
는 상대적으로 경쟁자가 많습니다. 오해하시는 것이 서울이 인구
대비 매장이 엄청 많다고 생각하시는 건데요. 아닙니다. 통계청에

따르면 서울 매장의 비율은 전국 23,039개 중 서울만 4,333개로 약 19%입니다.

전국 인구 비율과 크게 차이가 없습니다. 하지만 서울에서의 지하철 교통이 다른 지역보다 편리해서 실질적인 지역 내 경쟁업체는 많으며, 피부과는 서울에 38%나 몰려 있어서 더욱 경쟁이 치열합니다.

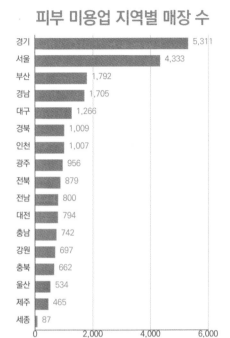

**피부 미용업 지역별 매장 수**

|  |  |
|------|--------|
| 경기 | 5,311 |
| 서울 | 4,333 |
| 부산 | 1,792 |
| 경남 | 1,705 |
| 대구 | 1,266 |
| 경북 | 1,009 |
| 인천 | 1,007 |
| 광주 | 956 |
| 전북 | 879 |
| 전남 | 800 |
| 대전 | 794 |
| 충남 | 742 |
| 강원 | 697 |
| 충북 | 662 |
| 울산 | 534 |
| 제주 | 465 |
| 세종 | 87 |

즉, 지역 소득과 소비 비율은 서울이 높은[57] 대신, 경쟁자가 많습니다. 그래서 경쟁력 있는 매장이라면 높은 수익을 창출하겠지만, 경쟁력이 떨어지면 몰려 있는 경쟁자들에게 밀려날 수밖에 없습니다.

## 2) 지역 분석의 미시적 접근

여기서부터는 그 당시의 경험을 다뤘습니다. '아, 거기는 돈이 안 되는구나'라는 의미가 아니라, **특징을 어떻게 분류했는지에 집중해주세요. 시장은 계속 변하고 있으니까요.**

경험을 되짚어보면 송파구 등 주거와 역세권이 혼합되어 있는 매장 위주로 동종 업계의 우수한 프랜차이즈의 상권을 분석하고 모방해서 입점했었어요. 앞으로 이해의 편의를 위해서 조금 임의적으로 분류하자면 매출은 중상 정도였다고 봐요.

사당점은 유지 정도 하더라고요. 그러면 투자 대비해서 달성도는 중하 정도였다고 봐요.

이촌동은 매출이 높았습니다. 역세권이 상권의 포인트가 아니라, 에스테틱이 집에서 가까웠기 때문이라고 생각해요. 화장을 무조건 한번은 지워야 하기 때문에 편하게 힐링하고 가고 싶은 고객의 니즈가 강할 수밖에 없습니다. 그래서 굳이 비싸고 직장인이나 유동인구가 많은 곳에 입점을 하면, 보기에는 좋지만 실질적으로는 마이너스가 발생했었어요.

결론적으로 지역을 상세하게 추천한다면, 저는 예를 들어 강남보다는 과천에서 합니다. 과천에서도 오픈했었고, 강남에서도 오픈했었어요. 첫 투자금인 인테리어와 공사비와 보증금, 월세 등 고정비를 기반으로 총 투자한 비용 대비해서 과천의 가성비가 더 좋았거든요.

이런 단순한 결과나 숫자보다는 원인을 더 명심해두셔야 합니다. 강남은 교통과 교육(학군)의 중심이잖아요. 유동인구, 업무 인구가 많아요. 그런데 에스테틱은 받고 집에 가야 해요. 머리와 화장이 망가지잖아요.

강남권에 미용실이 많은 이유는 미용실 갔다가 예쁜 상태로 나가서 바로 활동이 가능하기 때문입니다. 강남권에 커피숍이 많은 이유도 그렇게 모여서 즐기고 가면 편하잖아요. 교통의 중심이니까. 그런 것들이 또 상가비에 포함이 되니, 수익성을 봤을 때 에스테틱은 집 근처나 귀가하기 용이한 곳이 조금 더 유리하다고 봐요.

물론 강남에도 잘되는 에스테틱 매장은 많아요. 강남이 구 단위로는 면적도 크고 사람도 많으니까 일반화할 수는 없어요. 예를 들면 목적이 뚜렷하고, 비용이 높은 곳들이 있어요. 그런데 처음 여는 매장이 그런 경쟁력이 있다고 생각하시면 그쪽으로 가셔야 해요. 찾아오는 매장은요. 과천은 인구 밀집 지역 대비, 보증금과 월세가 저렴한 축에 속하잖아요. 더 수익성을 만들 수 있다고 봐요.

하지만 표에서처럼 수익이 높아질 때 자연스럽게 방문횟수가 늘어난다는 것은, 지역소득이 높은 주거 지구에 입점하는 것이 유리하다고 볼 수도 있습니다. 여기서는 반론이 너무 많아서 시장 분석, 경쟁자 분석에서 계속 다루겠습니다.


마지막 예시기도 하고, 말씀드리고 싶은 현실적인 경험이 있습니다. 닭갈비집이 있었는데 가격도 좋고 너무 맛있었어요. 그런데 문을 닫았습니다. 사장님께서는 코로나 때문에 견딜 수가 없다고 하셨는데, 제 생각에는 이 정도 맛과 가격인데도 코로나로 망한다면 모두가 망해야 된다고 생각할 정도로 아쉬웠어요.

저는 입점할 때 투자비용이 적고 면적이 넓다고 성공하는 것은 아니라고 생각합니다. 투자금이 늘어나더라도 먹자골목에 들어갔다면 훨씬 경쟁력이 있었을 거예요.

물론 결과론적인 말이기 때문에 제 말이 맞을 수밖에 없는 상황이지만, 닭갈비집이라는 특성상 먹자골목처럼 회전이 잘 되고 술도 함께 판매되는 곳이 적절해보였고, 경쟁력도 충분했으니까 하이 리스크, 하이 리턴을 추구하셨어야 했다고 봤습니다. 물론 입점하려면 지역만 보더라도 광진구, 역세권, 특정 상가, 경쟁자, 대체재 등 고려해야 될 것은 많습니다.

영업 마지막 날에도 가서 먹었습니다. 좋은 레시피와 노하우가 있었으니까 자신감을 가지고 조금 더 과감하게 투자하셨더라면 좋았을 거라는 아쉬움이 많았습니다. 사장님이 심각한 허리디스크도 하루 3시간씩 운동하면서 극복하셨다는데, 다시 일어나셔서 성공하셨으면 좋겠습니다.

---

**정리** 지표상으로는 당연히 소득이 높은 곳일수록 좋다. 다만 고정비가 오르는 것을 고려하면 최우선 순위는 아니다. 유동인구보다 거주인구가 더 중요하다. 지속적으로 접근해야 하기 때문이다.

---

## 3) 시장 분석

이 파트에서의 시장은 특정 지역 안에서 그 지역 특징에 부합하는 메인 타깃을 의미합니다. 미리 말씀드리지만, 결론은 역설적일 수도 있습니다.

앞선 파트에서 프랜차이즈를 할지, 개인 브랜드를 할지 선택한 다음에 지역을 고르겠죠. 지역을 선정할 때 가장 중요한 것은 인근 거주인구의 근접성이었습니다. 소득이 그다음이었고요. 그다음을 좁혀보겠습니다.

일단 본인이 근무지에서 너무 벗어날 필요는 없습니다. 프랜차이즈를 운영했을 때도 점주분들에게 가장 가까운 곳에서 자리를 찾기 시작했어요. 중요한 것은 투자 대비 수익이니까요.

예전에는 미용업이 특정 지역에 몰려서 그 기술을 전수하고, 브랜드 스토리를 만들고, 고수익을 창출했습니다. 하지만 앞의 표에서도 드러나다시피 현재는 에스테틱 또한 양적으로 대중화되어 있습니다.

시장은 월세, 권리금 등 여러 가지 요인들이 지역에 맞게 형성되어 있어요. 이제는 에스테틱을 하려면 꼭 어디로 가야 한다는 정보를 챙기기보다는 어디든 효율적인 매장을 만드는 것이 중요하다는 얘기입니다.

지역과 그 시장을 파악할 때는 객관적인 데이터가 있어야 합니다. 유용한 사이트가 있습니다. 바로 소상공인시장진흥공단 상권 정보시스템58)이라는 곳인데요. 그곳에서 중요한 지표는 2가지, 월 평균 매출 예측과 매장 수입니다.

좋은 비교 예시가 있는데 청담동과 이촌1동입니다. 일단 결과만 말씀드릴게요. 한 곳의 예측 매출이 3배 이상 높습니다. 이유를 유추해볼까요? 첫 번째로, 지역 선택에서 다뤘던 포인트죠. 매출이 높은 지역은 아파트가 정말 밀집되어 있습니다. 두 번째, 다른 지역 매장 수의 8분의 1에 불과할 정도로, 매출이 높은 지역의 매장 수가 압도적으로 적습니다.

**소상공인시장진흥공단 상권정보시스템**

마지막으로 카페를 생각하면 작은 지역마다 특징이 있고 타깃

이 있잖아요. 그런데 굳이 나이로 타깃을 잡는다면, 에스테틱에서는 인간적으로 본인에 맞는 연령대를 권합니다.

20~30대가 타깃이라면 일단 지역은 광진구 등의 인구 그래프를 보시면 되고, 바디보다 페이스로 갈 확률이 높겠죠? 취업도 해야 하고, 가처분 소득도 30~40대보다는 낮을 확률이 높잖아요. 한편 30~40대는 또 그들만의 특징이 있죠. 하지만 이것은 데이터가 불명확합니다. 방 탈출 카페처럼 특정 연령대가 1시간씩 기다려서 오는 시장이 아니에요.

그래도 연세가 있는 여성분들이 많이 오지 않느냐는 반론은 가능합니다. 에스테틱이 힐링의 공간으로서 주거 지역의 연령에 영향을 받기는 합니다. 하지만 나이 드신 분들만 오는 곳은 아닙니다. 생각보다 대중적인 연령이 찾아오세요. 굳이 어설픈 타깃팅을 할 필요는 없다고 봅니다.

대신 본인의 연령대는 고려해야겠죠. 예를 들어 딸뻘의 테라피스트에게 선생님이라고 존칭하며 피부 관리를 맡기고 가르침 받는 것을 어색해하는 어르신도 가끔 계십니다. 본인의 이미지, 캐릭터 모두 생각해야 합니다. 그리고 본인의 가치관과도 맞아야죠. 본인이 어떤 연령대가 잘 맞는지요. 이런 프로그램적인 부분은 다음 파트에서 자세히 말씀드리겠습니다.

특정 지역(서울, 경기)으로 한정할 필요 없다. 그것보다는 효율성이 중요하다. 지역의 평균 매출과 매장의 수를 확인하자. 굳이 그 시장의 타깃팅을 할 필요는 없다.

## 4) 경쟁자 분석

이 파트에서는 그 시장에서의 경쟁자들을 분석합니다. 어떤 지역에 가서, 어떤 시장(굳이 지역으로 나누면 동이라고 하겠습니다)을 정하셨으니 상가를 찾아야 하는데, 경쟁자는 피해야겠죠. 어떤 게 경쟁자가 되고, 어떤 게 호혜적인 관계일까요? 경쟁자부터 볼게요.

경쟁자는 일단 직접적인 경쟁 매장 수가 있고요. 다른 하나는 그 지역 에스테틱의 수준이 있습니다. 우선 우리가 특정 지역에 입점할 때 주위의 매장들을 파악하겠죠? 일단 숫자가 적은 게 좋겠죠. 이것은 더 설명해드릴 필요가 없을 것 같아요. 그냥 찾아보면 되는 거니까요.

중요한 것은 후자, 그 지역 에스테틱의 수준입니다. 프랜차이즈가 많은 매장은 아무래도 체계적인 시스템이 좋겠죠? 가격대도 알 수 있어요. 들어가서 비교해보세요. 이 매장의 인테리어와 비용을 고려해서 자신이 경쟁력이 있을지를 살펴보는 거죠. 본인이 만약 프랜차이즈보다 2배 이상의 인테리어와 구조, 정말 중요한 인력에 신경 쓸 비용이 있다면 그 상권을 가져갈 수 있겠죠.

하지만 아닐 수도 있잖아요. 또한 작은 매장이 많은 지역도 있어요. 거기서는 반대로 '여기는 단가가 너무 낮지는 않을까?'와 같은 고민을 해볼 수 있어요. 거기서 비슷한 규모로 비슷한 인테리어를 한다면 같은 이미지로 묶이겠죠. 이게 장점일지 단점일지는 그 시장의 파이에 있겠고요. 파이가 크면 프랜차이즈가 있어도 또 들어오잖아요. 공급이 부족한 곳들도 있으니까요.

결론을 말씀드리면, 테라피는 찍어내는 저렴한 제품을 판매하는 것이 아닙니다. 그래서 입지도 중요하지만, 기술직으로서 상대적으로 이미지나 실력, 가격의 차이가 극심하면 고객은 거리가 멀어도 다른 매장을 선택합니다. 파악이 중요하다는 겁니다. 내가 상대적으로 장점 하나는 있어야 하니까요.


4명을 상담해서 다 되는 날이 있었어요. 기분이 좋아서 물어봤었죠. '왜 결제해주셨어요?'라는, 어떻게 보면 답이 정해진 질문이었어요. 그런데 답은 더 간단하더라고요.

일단 비교를 하시더라고요. 방문한 매장 룸에서 여러 사람과 같이 쓰는 비닐장판이 비위생적이고, 수건이나 이불도 교체하지 않고 같이 쓰는 것 같고, 수건에서 냄새가 나고 다시 쓰는 것 같고, 일회용품을 안 써 주고, 아프면 참으라고 하고, 뭉쳤다고 하면서 원래 그런 거라기에 참았는데 몸살 생기고, 모른다고 속이는 느낌도

나고, 뭔가 기분이 나빴고, 심지어 저렴하지도 않았다고요.

물론 과장이 있었을 수도 있습니다. 하지만 코로나 시대에 청결은 당연한 거잖아요?

초기에 그분이 '아픈가요?'라고 저희에게 물어보셨어요. 그럼 사실 답을 준 거였어요. 아프게 안하면 50점짜리고, 나머지 50점은 아프지 않으면서 시원한 힐링을 원하세요. 호텔은 부드럽게만 하는 느낌이라고 하셨어요. 그것도 개인의 차이라고 본다면, 코어라고 생각하셔야 될 게, 청결은 개인차가 있기 힘들잖아요. 그런 것들을 모방하셨으면 좋겠어요.

다시 강조하지만, 고객의 신체에 닿는 제품·수건·침구류 등의 청결에 집중하여 항상 처음 사용하는 것처럼 뽀송하고 위생적인 것이 기본인 시대가 되었습니다.


반대로 보면 그 매장은 고객을 뺏긴 거죠. 이건 선점했는데도 고객의 니즈를 파악하지 못해 빠져나간 거예요. 이건 직접적인 경쟁 매장의 수와는 다른 문제죠. 고객은 지하철로 다른 동네에 충분히 갈 수 있으니까요.

이럴 거면 지역 분석을 왜 했냐고 물어볼 수 있지만 (지속적인 접근이 가능한) 일정 범위 안에서 움직일 수 있다는 것이며, 모든 요소가 하나씩 더해져야 매출이 완성됩니다. 하나하나씩은 다 비판 가능해요. 하지만 매출이 나오도록 하는 게 어려운 겁니다. 모든 요소를 대비하시고 조금씩 확률을 높여보세요.

계속해볼게요. 그분의 입장에서 구성해보면 일단 인터넷에서 저희의 외관을 보고 왔다고 하셨으니까 보이는 대로 깨끗하게만 있으면 되는 거고, 와서 아프지 않고 시원했으면 좋겠다고 하셨어요. 청결은 당연한 거니까 저희가 엄청 특별한 것들을 제공한 건 아니에요. 그런데 고맙다고 결제를 하셨네요?

최근 유독 잘되는 시즌인데 어떤 사회적 요인이나 마케팅, 요행이 아니라 입소문이었다고 생각해요. 장기적인 키는 단골이에요. 또한 이게 가장 중요한 이유가, 그런 믿음이 있어야 지속할 수 있어요. 그저 한 번의 기술이나 아이템으로 결제를 했다고 생각하면 기본에 충실하기 어려워요. 그냥 마케팅 한 번, 제품 라인 한 번 바꾸는 게, 투자하면 되는 것인데 더 쉽잖아요.

지역 중요하고, 상가 중요하고, 인테리어 중요하고 다 중요합니다. 하나씩 다 맞춰가야 합니다. 요행이 아닙니다.

---

**정리** 경쟁자의 수, 경쟁자들의 수준을 파악하자. 정말 어렵지 않고, 인터넷 들어가서 매장의 사이트나 블로그 보면서 파악하고, 거기서 내가 고객이라면 이 돈으로 어디에 갈지를 생각하고, 직접 1회 정도 관리를 받아보고 본인의 장점과 비교해서 결정한다. 정말 어렵지 않다.

# 2. 상가 분석

어떤 상가를 고르면 좋을지 살펴봅시다. 우선 상가 자체의 외형이나 시스템을 고려해야 하겠죠. 그리고 프랜차이즈를 운영할 때, 처음에는 여러 가지 매장들을 파악해 보잖아요. **상가 안에 있는 다른 매장들 중 피해야 할 것들이 있고, 호혜적인 매장이 있습니다.**

1층은 상권에서 좋지 않아요. 에스테틱은 조용하고 케어 받는 프라이빗한 곳이기 때문에, 커피숍·식당과 다르게 1층은 선호도가 낮습니다. 2층에 비해 월세도 높기 때문에 임대할 이유가 없고, 특히 권리금이 있는 상가에 입점할 이유가 없습니다. 제가 60개 매장을 오픈하면서 권리금 주고 들어가거나 1층에 오픈한 곳은 한 곳도 없었습니다.

고객은 3층 이상의 공간에 올라가는 것을 싫어합니다. 스카이라운지 같은 특별한 공간이 아니고는 2층이 좋습니다. 그보다 높은 매장은 인지하기 어려울 수 있습니다. 물론 고층이면 임대료가 저렴한 장점은 있겠지만, 고객의 유입을 생각하시면 50만 원 더 비싸더라도 2층 또는 지하 1층이 좋습니다. 주차는 당연히 가능해야 하고요.

그래서 과감하게 폐점한 곳도 있어요. 명동은 임대료가 너무 높아 구조적으로 손익 달성도 쉽지 않았고, 노후되어 너무 저렴한 상권에 있었습니다. 또한 여성분들이 소위 쌩얼로 돌아다니는 곳이

120

어야 마음이 안정될 수 있고, 남성들의 유동성이 적은 곳이 좋잖아요? 그래서 당구장, 술집이 있는 건물은 확실히 매출이 낮았어요.

혹시 아주 큰 복합 상가라면 주차장이 직결되어 있거나, 걸어 다닐 수 있게 주거지와 매우 근접해야 합니다. 또한 임대하려는 상가의 옆집에 태권도, 피아노학원처럼 소리가 나는 곳은 피하고, 같은 건물에 카페·미용실·피트니스·요가 등 여성들이 많이 오는 상가 건물이 좋습니다.

# 3. 주의 사항

투자비용, 단가 조정 등이 가장 궁금하실 거예요. 일단 구체적인 단가는 지역의 상권과 비교가 되어야겠지만 투자금과 수익률, 손익 계산은 하시고 시작하는 게 맞습니다.

## 비용 대비 수익률?

투자금 비율을 계산하시기를 권장합니다. 즉, 근무자의 수, 근무일, 단가, 인원 이렇게 나눠서 계산하셔야 해요. 예를 들어 혼자서 20일 근무하고 8만 원에 하루 4명씩 받으면 640만 원입니다. 거기에 월세 200만 원 잡고, 재료·전기세 등을 더하면 300만 원 정도 될 거예요. 투자금을 6,000만 원으로 본다면, 수익률이 월 5% 정도니까 적당했던 겁니다. 이런 식으로 플랜이 있어야 해요. 너무 당연한 것들을 간과할 때가 많습니다.

단가 8만 원이 어려우니까 근무일을 늘리고 인원을 늘리는 방식을 채택하시는데, 근본적으로 시작점인 인테리어부터 투자금이 되어 있어아 하는 거죠. 가끔 많은 매장들이 본질에서 벗어나려고 하는 것 같아요. 단가는 못 올리겠고, 근무일을 늘릴 수 있는 만큼 늘렸는데 수익이 떨어지고 있는 것은 초기 투자금, 그리고 후기에 인테리어나 디테일한 곳들에 들어가는 투자금이 미흡해서에요. 거기에는 교육비도 포함이 되는 거죠.

솔직히 말씀드리면 시설과 실력 둘 다 완벽히 준비가 되어 있어야 고객들이 결제를 하는 거지, 그런 것들이 준비가 안 되어 있다 보니 수익을 유지하려면 화장품이나 아이템들을 판매할 수밖에 없는 거예요. 혹은 예전에는 필링이나 정보의 격차를 이용해서 많은 마진을 벌었던 거예요.

이제는 고객들이 많이 알아요. 그러면 정말 검증을 받고 판매를 하셔야 하는 거죠. 이제야 합리적인 소비가 이뤄지는 것이고, 기본에 충실한 매장들과 계획이 있는 매장들이 살아남는 것입니다. 저는 당연한 것들을 강조하는 것도 맞지만, 그만큼 주의해야 한다고 생각하는 부분이에요.

지방이라고 해도 투자금은 그대로 생각해주시고, 보증금과 월세 차이만 난다고 생각하면 좋겠어요. 지방이라고 적게 투자하지 마시고 인테리어와 물품은 고정적으로 투자해주세요. 보증금과 월세는 지역에 따라 달라져요.

인테리어는 1인숍이라고 해도 20~50평 확장이나 직원 채용을 염두에 두신다면 평당 150만~200만 원은 들어요. 이런 기준을 잡아 놓으시고, 물품비도 1,000만 원 정도는 준비해 놓으셔야 합니다. 이게 프랜차이즈 기본 세트라고 생각하시면 6,000만~7,000만 원은 들죠. 이 정도를 기본으로 잡아 놓으셨으면 좋겠어요. 그 후에 실력으로 감동시켜드리고 다음 투자금을 늘리는 게 좋습니다.

기본적인 퀄리티가 보장되어 있어야 할 수 있는 거라고 생각해요. 특히 다인실이라든지, 탈의실이 없다든지, 코로나 시대 이후 우리의 인식은 이런 부분에 더 예민해졌습니다. 예전에 용인되던 방식들이 이제는 트렌드에 맞지 않기 때문에 탈의실, 방음 공사 등은 기본입니다. 이제는 1인 매장이라도 로비와 룸의 구별, 탈의실, 소음과 단절을 위한 방음 공사가 되어 있어야 고객들은 안정감을 느끼고, 그 공간을 만족스럽게 기억합니다.

지방이라고 어차피 조금 더 저렴하게 받을 거니까 적당히 하겠다는 생각이 아니라, 퀄리티를 유지하는 것은 기본이고 보증금, 월세 같은 지출비를 계산해서 비용을 받는 것이 합리적이라고 생각해요.

# 우선순위 설정

모든 지역을 분리해서 할 수 없기 때문에 총론적으로 접근했습니다. 우리가 고려해야 할 게 너무 많지만 최소한의 정리를 해보죠.

① 서울권·경기도 남부권 등 본인의 예상 근무지를 조사
② 자본금, 상권(지역·인구·경쟁자), 상가
③ 결론적인 계획서의 우선순위(투자금, 지역, 상가)

1억 원이 있다는 식의 가정이 아니라 최소의 비용이 있다고 가정하면, 지역·상가·인테리어의 우선순위를 보자는 거죠. 보통 시작은 집 주변에서 하는 게 용이합니다. 자가용으로 최대 10km 정도로 상정해보세요. 왜냐하면 가령 인천에 사시면 김포까지는 올 수도 있어요. 하지만 근무 시간을 조율해야 할 경우나 경영 관련 업무가 많습니다. 가능하면 동선을 최소화하는 것이 아주 좋습니다. 그래도 사람이 아주 없는 곳이면 당연히 더 이동하셔야 하겠죠.

① 만 세대 정도의 아파트 단지가 지역을 고려할 때 최우선입니다.

② 유흥주점 밀집지역 또는 먹자골목이 아닌 게 더 중요해요. 술 먹고 담배 피는 곳들보다는 여성분들이 민낯으로도 편안하게 이동할 수 있는 곳이 좋습니다.

③ 인테리어 비용에 투자해주세요.

④ 에스테틱은 깨끗한 상가에 있어야 해요.

⑤ 마케팅에 너무 많이 투자할 필요 없다고 생각합니다. 주변에서 인지할 정도로만 꾸준히는 하지만, (지출의 5~10%를 넘는) 거액을 들이기에는 리스크가 큽니다. 차라리 그 지속되는 마케팅 비용을 인테리어에 투자하고, 잘 꾸며진 매장을 본인이 촬영해서 계속 업로드하세요.


일단 이 5가지를 충족한다고 해결되는 것이 아닙니다. 제가 나름대로 경험하고 적립한 기준들의 이유를 꼭 생각해주세요. 나아가 3장에서 나온 단점이나 유의점을 모두 피해갔다고 해서 모든 것이 해결되는 것도 아닙니다. 이것들을 기본 베이스로 삼아, 챕터 한 장씩 읽으시면서 더해간다는 생각을 하셨으면 좋겠습니다.

**54)** 프랜차이즈 가맹점 형태로 창업하려는 이유로는 '창업 및 운영의 편리함'이 29.3%로 가장 많았으며, '경영 노하우 습득' 18.7%, '안정적인 물류 공급' 17.1% 순으로 나타났다. 반면, 프랜차이즈 가맹점 형태로 창업하지 않으려는 이유로는 '높은 개설비용'이 19.6%로 가장 많았으며, '가맹본부와의 마찰 우려' 16.5%, '독자적 상품 개발의 어려움' 12.6% 순으로 나타났다. (출처 : 프랜차이즈월드, 〈[COLUMN] 마케팅_예비창업자의 창업 환경과 가맹점 창업에 대한 의식조사〉)

**55)** F19. 미용 : 피부 관리, 헤어 관리, 네일아트, 마사지, 성형 등 이·미용과 관련된 모든 행위. (출처 : 문화체육관광부, 〈국민여가활동조사보고서 2020〉, 164쪽, 197쪽)

**56)** 미용에는 헤어도 포함된다. 그래서 한 달에 한 번은 머리를 자르는데 지표가 낮은 것이 아니냐고 볼 수도 있다. 하지만 소득이 늘어난다고 머리를 더 자주 잘라야 한다거나 파마 빈도를 높일 이유는 없다. 그리고 한 달에 1회를 제외한다고 해도 이미 상당히 높은 비율을 차지하고 있었기 때문에, 네일·헤어·피부관리 중 같은 기간 가장 높은 빈도를 기록할 수 있는 것은 피부관리로서 그 비율이 낮다고 보기는 어렵다.

**57)** 통계청, 〈2019 지역소득〉

**58)** https://sg.sbiz.or.kr

# AESTHETIC BRANDING

5장
# 인테리어

아름답고 자신에게 가치를 줄 수 있는 매장에서는

1만~2만 원 가지고 고객님들께서 매장을 바꾸지는 않아요.

인테리어의 기본 요소는 공간, 조명, 재료, 재질, 색채, 가구 등 여러 가지가 있습니다. **가장 중요한 사실은 인테리어가 에스테틱 매출에 얼마나 많은 지분을 차지하는지를 이해해야 한다는 것입니다.** 그다음에 비로소 인테리어를 어떻게 하면 좋을지를 고민해야 하겠죠.

계속 강조하지만 에스테틱의 수입은 테크닉이 중요합니다. 아무리 현란한 기술로 고객들을 모셔왔다고 해도, 회원을 만들려면 만족을 드려야 합니다. 지속되기 위해서는 고객의 높아진 기준을 꾸준히 충족시킬 테라피와 그 외의 요소들, 예를 들면 위생이나 전문가에게 기대할 수 있는 지식들을 준비해야 합니다.

통칭해서 에스테틱의 기본이라고 하겠습니다. 기본의 범주를 정하는 것은 어려운 일이지만, 저는 수익을 창출하려면 인테리어가 최소한의 기본 요소라고 생각합니다. 일단 인테리어는 유입 선점, 만족감 증대, 단가 상승이라는 3가지의 장점이 있습니다.

우선 직관적으로 보기에 깔끔하고 세련된 매장이 유입을 선점하는 게 당연하겠죠. 소비자 심리학 저서를 찾을 필요도 없을 만큼 지극히 당연한 사실입니다.

다른 관점을 하나 가지고 올게요. 이미지 소비와 보복 소비[59]라는 최근의 경향이 있습니다. 지표상으로는 약간의 차이를 보이고 있는데요. 중요한 것은 사치품이나 기호품의 소비가 늘었다는 사실입니다.[60]

먹고사는 생존의 문제는 어느 정도 해결했고, 삶의 가치에 투자하려는 경향이라고 생각하면 좋겠습니다. 에스테틱은 미용의 범주에 있고, 아름다움을 가꾸는 것은 삶의 가치를 높이는 행위잖아요. 이것은 초기에 드렸던 말씀처럼 성형외과, 피부과의 매출이 늘어나는 것과 비슷한 맥락입니다.

갑자기 이러한 얘기를 하는 이유는 인테리어라는 것이 고객 입장에서는 고객을 대하는 장소의 품질, 고객을 대하는 매장의 태도가 될 수 있기 때문입니다. 그게 브랜드 가치예요. 즉, 인테리어를 잘함으로써 브랜드 가치가 더 세련미를 갖추고, 고객에게 좋은 영감을 줄 수 있는 거잖아요. 게다가 브랜드 가치가 생겼다는 것은 본인들의 업무에서 전문성을 가지고 있다는 사실을 의미합니다.

명품이 10만~20만 원 차이나는 게 아니라 10~20배 비싸잖아요. 그래도 사는 것은 삶의 가치를 위한 소비입니다. 인테리어에 국한된 얘기는 아니겠지만, **아름답고 자신에게 가치를 줄 수 있는 매장에서는 1만~2만 원 가지고 고객님들께서 매장을 바꾸지는 않아요.** 만족감이 다르니까요. 그냥 1만~2만 원 덜 받고 인테리어 적당히 해야겠다고 생각하신다면, 훨씬 큰 것들을 놓칠 수 있습니다.

인테리어를 통해 단가 상승이 가능하다는 것도 사실 당연한 이야기입니다. '이 정도 매장에서 이 정도 가격은 하겠지'라는 생각은 정도의 차이는 있겠지만 소비자분들이 다 예상하면서 찾아오십니다. 예쁘고 세련된 매장에서는 그 기준이 이미 올라가 있어서 단가 형성에도 도움이 되죠. 원장님들 중에 자기가 못한다고 하는 사람은 없습니다. 실제로 잘하기 때문에 상대적인 단가 차이를 주기 어렵고요. 그래서 고객은 그런 말들에 결제하지 않습니다.

이런 질문을 드리면서 다음으로 넘어가보겠습니다. 인테리어가 좋은데 테라피가 평범한 매장이 있고, 테라피가 좋은데 인테리어가 평범한 매장이 있다면 고객이 어디로 갈까요? 사실을 모두 알고 있는 고객에게는 선택의 문제겠지만, 처음 매장을 선택하는 고객의 입장이라면 인터넷에서 실력을 어떻게 확인할까요?

# 1. 이미지 설정

일단 인테리어를 시작하기 전에 에즈블랑이 어떤 캐릭터나 이미지로 보이고 싶은지를 고민했어요. 간결하게 표현한다면, 따뜻하고 편안하며 고급스러우면 좋겠다고 생각했어요. 거기에 더해 휴식, 건강, 힐링, 아름다움, 고급호텔 특히 피부 등의 근본적인 이미지가 형성되기를 원했습니다.

그것에 맞춰서 하나씩 채워갔습니다. 이건 사실 에스테틱이라는 업종에서 보편적으로 사용될 수 있는 이미지일 겁니다. 단, 어린 감성이나 젊은 나이의 트렌드에 따라 인테리어하는 것은 주의하셔야 한다고 생각해요. 그리고 인테리어가 과한 것보다는 여백과 공간의 미를 둬서 넓고 깨끗한 편을 권장합니다.

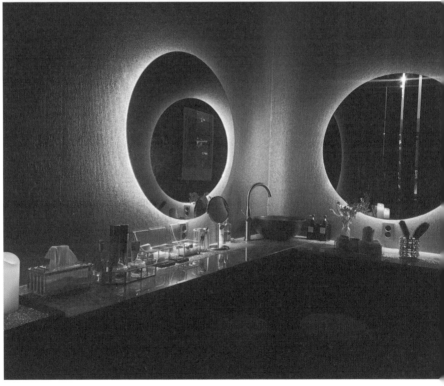

간혹 인스타그램에서 핫한 카페처럼 인테리어를 해놓은 에스테
틱 매장이 있어요. 그런데 젊은 친구들도 얼마든지 에스테틱에 10
만 원 넘게 쓸 수 있고, 고급스러운 이미지를 원한다고 생각해요.
20~30대의 명품 소비율이 매우 높아졌는데,[61] 젊은 세대를 겨냥
한 것도 한몫했지만 결국 오래되고 비싸다는 이미지가 어우러지
니까 비싸게 팔린[62] 거라고 생각합니다. 에스테틱은 품격 있고 고
급스러운 비싼 상품이라는 것을 잊지 말아주세요.

## 2. 색

전부 버리고 하나의 톤만 남겨야겠다는 생각이 들었어요. 에즈
블랑을 처음 만들 때부터 주황색이라는 주조색을 밀고 나가고 싶
었습니다. 1호점(스타시티몰 건대점)은 주황이라는 이미지가 약했다
고 판단했고, 2호점부터 최근 새로 오픈한 4호점(현대백화점 천호점)

에즈블랑의 현재 로고

에즈블랑의 초기 로고

까지는 완벽하게 인지할 수 있는 인테리어를 만들기 위해 거의 모든 것을 주황색으로 채웠어요.

매장을 만들어 갈 때마다 점점 주조색이 강화되는 느낌이에요. 그 이유는 역시 일단 인지가 되어야 하잖아요. 로비부터 브랜드의 이미지를 부각하는 세련된 컬러가 잘 인지되고 있다고 보았고, 브랜드민의 통일감도 주고 있다는 생각이 들었어요.

또한 고객이 케어를 받는 공간이니까 안정감을 주는 색상으로

**에즈블랑 롯데몰 수지점**

**에즈블랑 현대백화점 천호점**

주황색이 적합하다는 생각이 들었고, 이런 아이디어 또한 5성급 호텔의 룸처럼 편안하고 따뜻한 색을 쓰는 컬러테라피[63], 컬러마케팅이라고 얘기할 수 있는 거죠. 난색의 효과도 있고, 예쁜 것도 좋지만 일단은 인식될 만한 로고나 컬러를 이용했습니다.

1인숍이나 규모가 작은 에스테틱 매장에도 그런 주조색이 필요하냐고 반문하실 수 있습니다. 제 생각에는 작은 매장이라도 메인 컬러를 정해주세요. 특히 에스테틱과 어울리는 따뜻한 색을 골라주세요. 꼭 주조색을 밀고 나가는 것이 아니더라도 통일성을 가지고 인테리어를 해야 매장이 간결하고 깨끗합니다. '스타벅스' 하면 생각나는 색, '이마트' 하면 생각나는 색처럼 소비자의 머릿속에 색으로 브랜드를 남기는 것이 중요합니다.

# 3. 조명

에스테틱은 사무실도 아니고 수술방도 아닙니다. 너무 밝을 필요 없습니다. 들어가면 따뜻하고 온화하며 편안해야 해요. 색의 온도와 조도를 낮추면서 고객의 기호에 맞추세요. 형광등은 지양하고, 주광색이나 노란색 조명을 최소한으로 설치해주세요.

천정에 조명이 너무 많아요. 잠자거나 쉬고 싶은 색, 아늑함을 주는 촛불 등을 사용하시는 것도 좋습니다.

간혹 인테리어 업체의 말만 듣고 맡기시는 경우가 있는데, 에스테틱 경영의 감각이 모든 인테리어 업계에 쌓여 있지는 않아요. 밝기감 차이(조도), 밝기감 균형 같은 지식은 있지만 우리 업계의 디테일한 데이터를 쌓는 것은 쉬운 게 아니에요. 저 또한 무수히 해

**룸의 기본 조도**

룸의 최대 조도

보면서 쌓은 선호도로 이해해주시면 좋겠습니다.

그럼 가장 중요한 룸의 밝기를 얘기해볼게요. 가장 기본적으로 고객 입장에서 생각해보면, 누웠을 때 눈이 닿는 곳에 조명이 있으면 안 되잖아요. 있어도 가려서 간접등으로 만들어 놓아야죠. 다른 매장에 가보면 생각보다 조명이 너무 많아요. 몇 개나 있는지부터 확인해보세요. 최소화하는 게 좋아요. 잘 때를 생각해보면 어두운 게 익숙하잖아요. 밝으면 긴장됩니다. 심지어 어느 정도 노출도 있어야 하는 곳이잖아요.

예를 들면 호텔을 가보세요. 아니면 요즘 풀장도 낮은 톤으로 만들어 놓고 있잖아요. 에즈블랑도 색을 낮췄다고 생각했는데, 호텔에 가보니 벽지부터 다르다는 생각이 들었어요. 다 따뜻하면서 매끄러운 톤의 질감 처리가 되어 있잖아요. 그래서 바꿨어요. 간단해요.

최근에 개인적으로 아는 매장에 컨설팅 갔는데 한 평에 전구가 하나씩 있더라고요. 그래서 4평에 한 개만 달면 좋겠다고 생각했어요. 작은 전구로, 디테일하게 말씀드리면 3인치짜리로요. 물어보면 대체로 6인치 쓰시는데, 좀 어둡게 해달라고 하면 톤만 낮춰줘요. 최대한 안 보이도록 이왕이면 작은 전구로 해달라고 하세요.

138

# 4. 공간과 소품

이미지를 설정하고 그에 맞는 색상을 선정하고, 그다음으로 에스테틱에서 통용되는 조명에 대한 얘기까지 했습니다. 주조색에 관한 오해를 방지하기 위해서 언급하자면, 주조색은 따뜻한 질감을 주기 위해서 난색으로 간결하고 세련되게 표현하려 했지만, 에스테틱 내부는 안정감과 개인적인 느낌을 드려야 하고, 그러기 위해서는 로비와 룸들의 확실한 구분이 필요합니다. 그리고 소품은 간결하게 최소화하는 게 좋습니다.

공간을 어떻게 사용했는지, 소품이나 간과할만한 포인트를 하나씩 사진과 함께 짚어볼게요. 이론적 지식은 발터 슈미트의 저서 《공간의 심리학》[64]을 많이 참조했음을 알립니다.

## 1) 공간과 공간

건대점을 보시면 로비에 의자가 4개 정도 있고, 꽃(생화), 촛대, 그리고 충분히 진열할 수 있는 공간이 있음에도 사진처럼 빈 공간을 제공하는 느낌을 의도했어요. 시간이 갈수록 그 가치를 느끼기 시작했고, 천호점은 과할 정도로요.

호텔에 갔을 때 느꼈던 건데 로비가 넓더라고요. 실질적으로 쓸 수 있는 공간이 줄어드는 셈인데요. 하지만 처음에 들어올 때 느낄

에즈블랑 롯데백화점 건대점

에즈블랑 롯데몰 수지점

수 있는 쾌적함, 여유로움 등의 이미지에서 고객이 배려를 실감함
으로써 만족도와 충성심이 높아지고, 가치와 단가가 올라갑니다.
작은 비용에서 큰 수익으로 이어지는 것이죠. 그래서 매장의 로비
가 점점 넓어졌어요. 천호점의 평수가 더 작은데 로비는 더 크게
하고 싶어서 방을 뺐어요.

그런데 침대를 한 방에 여러 개 넣어 놓고 하는 매장이 있는데요.
지인끼리 함께 케어를 받는 것은 괜찮을 수도 있겠지만, 모르는 분
이 침대 하나 넘어서 같이 관리를 받고 있으면 고급스러움을 느낄
수 없겠죠. 그런 부분들이 비용으로 이어지는 것입니다.

바다나 캠프처럼 자연을 찾아가는 휴양을 떠올려보면, 도시 속
에서도 조금 더 공간을 배려해줄 때 여유로움을 제공할 수 있을
것입니다.


## 2) 로비와 복도


로비는 직관적으로 따뜻하고 고급스러우면서도 넓어야 하죠. 만
드실 때 생각보다 훨씬 커야 해요. 고객이 들어올 때부터 배려해드
리는 느낌, 세련되고 아름다운 느낌을 주면서, 이렇게 좋은 곳이니
까 좋은 서비스가 제공될 거라는 신뢰를 처음부터 드리는 것이죠.
복도도 당연히 그에 맞게 최대한 높고 커야겠죠. 시원하고 대접받
는 느낌을 바로 드릴 수 있습니다.

복도의 문틀과 각진 부분에 라운딩을 줬어요. 한눈에 들어오지 않으니까 더 길게 보이고, 부드럽고 고급스러운 곡선의 미를 연출할 수 있습니다. 직선적인 복도와는 다른 곡선의 라운딩이 더욱 여성스러운 미의 인테리어라면서 세련되고 고급스럽다고 여성 고객님들께서 말씀해주시더라고요. 이렇게 고객님이 언급해주신다는 것 자체가 흥미 요소를 더했다는 것이니까 인테리어로서 좋은 효과를 거두었다고 생각합니다.

물론 매장의 여건이 다르기 때문에 저희 매장도 모두 라운드 형태로 되어 있는 것은 아닙니다만, 같은 브랜드임에도 복도의 형태만으로도 고객님들이 반응한다는 사실로부터 고객들이 얼마나 디테일하게 반응하는지 알 수 있었습니다(사진으로는 찍기가 어려워 전달하기도 어렵지만, 실제로 와보시면 전혀 다른 느낌을 받을 수 있습니다).

## 3) 진열장

소품, 특히 제품 진열은 최소화했습니다. 메인이 케어라는 사실을 보여드리려는 거죠. 예를 들면, 화장품 구매 시 케어가 들어가는 패키지가 있으면 화장품 유통사를 함께 노출시킴으로써 전통 있는 에스테틱이라는 이미지가 형성되는 거죠. 이게 브랜드 가치와 방향성을 만들어내는 것이에요. 단기 수익 때문에 제품을 바꾸고 진열하고 판매하는 것들을 지양하는 게 이런 좋은 점들도 있

습니다.

저희 매장에는 진열대가 거의 없는 셈인데요. 제품을 판매하려는 의도가 아니라 인테리어에 가까워요. 실제로 진열된 제품 중에 판매하는 것은 팩뿐입니다. 가격도 붙여놓지 않고, 권유도 하지 않아요. 다만 정보와 신뢰를 드리기 위해서 놓아야 하는 거죠.

파트와는 조금 어긋나지만 첨언하면, 이상적으로는 두 가지 전부 잘하는 게 좋겠죠. 저는 메인을 에스테틱으로 두고 나아간 것인데요. 그 이유를 말씀드리면, 피부과에 가서 보톡스·필러 등 시술을 받고, 미용의료기기로 피부를 시술하고 기기로 돌려주고 그러고 있습니다. 그런데 고객이 에스테틱에 왔는데 여기도 화장품을 판매하려고 하면 고객님들이 부담을 느끼실 거라고 생각해서 지양하고 있습니다.

어떤 화장품을 사용하는지 신뢰를 주는 정도로만 에스테틱의 진열장에 놓아두고, 나머지는 스톤, 촛불, 작품 등으로 채우시길 바랍니다.


## 4) 파우더 룸

요즘은 술집이나 음식점에도 사진을 찍거나 단정하게 하는 룸이 작게나마 따로 마련되어 있습니다. 힐링과 뷰티라는 테마를 가진 에스테틱에서 가장 기본적이면서도 중요한 공간 중 하나가

파우더 룸이잖아요. 예전 세레니 _끄_ 시절에는 룸을 줄이고 파우더 룸을 만들었다는 자체가 세련된 거였어요. 하지만 이제는 그 파 우더 룸에서 얼마나 예쁘게 나올 수 있을지를 고민하면서 소품과 컬러와 조명을 사용해야 하는 시

대입니다.

고객이 관리를 받고 나면 민낯으로 사진을 찍어야 하는 것도 에스테틱에서 고려해야 합니다. 호텔의 파우더 룸을 연상해보면 소품도 간결한 게 좋고요. 필요 없는 것은 없애고 필요한 것들은 모두 있어야 하죠.

또한 간단한 메이크업 제품은 입생로랑 같이 고급스럽고 괜찮은 것들로 비치했어요. 보통 원장님들은 '저 정도 만들었으면, 본인 제품 가져와서 쓰겠지'라고 생각하세요. 맞아요, 화장하고 가시는 분들은 가지고 오시죠. 하지만 디테일을 보여주는 거죠. 그 제품을 안 쓰는 분이시더라도 그런 제품을 보면서 배려를 느끼는 거죠.

## 5) 꽃, 그림

생화를 사오고, 갈아 넣고, 시들면 버리는 것도 솔직히 매우 힘듭니다. 세레니끄 때 욕심을 냈던 부분이에요. 60개 매장을 다 할 수는 없는 부분이라 조화를 많이 썼어요. 꽃의 색도 하얀 백합, 장미, 수국 등을 사용하여 깨끗한 느낌을 연출할 수 있지만, 붉은 장미는 에스테틱에서는 너무 화려한 색이라서 조화롭지 못했습니다.

그런 디테일이 엄청 힘들어요. 하지만 많은 디테일이 모여야 고객님도 저희의 노력하는 부분을 알아주시고, 감동이 생기고, 가치가 증대되고, 정당한 비용이 창출됩니다.

## 6) 의자

그런데 원장님들이 은근히 의자를 신경 안 쓰려고 하시더라고요. 그럴 만도 한 것이 사실 로비에서 오래 앉아 있지는 않거든요. 하지만 그게 인테리어에요. 눈으로는 보이니까요. 디자인의 일부라고 생각해주셨으면 좋겠어요.

세련되면서 고급스러운 1인용 소파로 프라이빗한 느낌을 드리고, 2개의 의자를 넓게 배치해 마주앉을 경우를 대비하면서 시각적인 균형감도 줬습니다. 소파의 질감은 고급스러우면서도 편안한 가죽으로, 색감은 매장의 톤(주조색인 주황색의 비율)을 고려하면서 최대한 아이보리나 브라운색을 배치하여 편안한 느낌을 드리려고 했습니다. 또한 작게는 고객 상담 의자와 테이블까지도 브라운색을 써서 통일감과 편안함을 줬습니다.

## 7) 상담실

상담실은 은근히 좁습니다. 그것도 인테리어를 설계할 때 의도한 부분이에요. 절대 우선순위에서 밀려서 좁은 게 아닙니다. 그렇게 생각한다면 로비가 그렇게 넓을 이유가 없었겠죠. 상담실이 너무 넓으면 시선이 분산됩니다. 지나가는 사람도 보이고요. 어수선하죠.

그리고 앉는 분들은 밖이 안 보이게끔 배치되어 있어요. 모든 매장이 그렇습니다. 왜냐하면 사람들이 드나드는 모습을 보면 집중력이 너무 떨어져요. 그 짧은 시간에 서로에게 집중해서 상담을 통

한 최고의 효율을 내는 것이 중요합니다.

# 5. 룸과 침대

가장 신경 쓴 부분은 당연히 룸이에요. 포인트는 고급스러움, 안락함, 편안함입니다. 남들이 볼 때는 똑같아 보일 수도 있어요. 하지만 벽지, 시트지, 마감재들을 차별화하려고 노력하고 있습니다. 들어가는 순간에 보는 문, 안에서 탈의하는 순간, 누워서 케어를 받는 순간 등등 여러 가지를 반드시 고려해주셔야 합니다.

일단 문을 엄청 신경 써서 최대한 높게 했어요. 성에서 영감을

받았습니다. 문은 열고 들어가면 그만이지만, 고객님들에게는 룸에 들어가기 전에 처음 보는 곳일 수도 있어요. 그리고 슬라이드로 했어요. 벽과의 통일감을 줄 수 있고, 이동에 방해될 것도 없으니까요. 열고 닫는 구조일 경우, 그 큰 문이 심적인 불편함을 초래할 수도 있다고 생각했습니다.

침대는 모든 구성품 중에서 당연히 제일 비쌉니다. 국산, 외제 가릴 것 없이 여러 가지를 직접 사용해보고, 가서 테스트도 해봤어요. 그런데 제가 다른 VIP 연간 회원권에서는 베드의 질이 아예 다르다는 느낌을 받았거든요. 수소문한 끝에 라텍스의 전동 수입산 제품으로 세팅하였습니다.

　이런 얘기는 사실 질문하는 사람도 없는 부분이고, 조금 있다가 갈 거라고 생각하면 안하게 되는 부분이라고 생각합니다. 하지만 이런 디테일을 신경 쓰다 보면 고객님들이 알아주는 날이 분명히 옵니다.

　침대나 이불은 호텔에서 많이 사용하는 구스이불과 100%

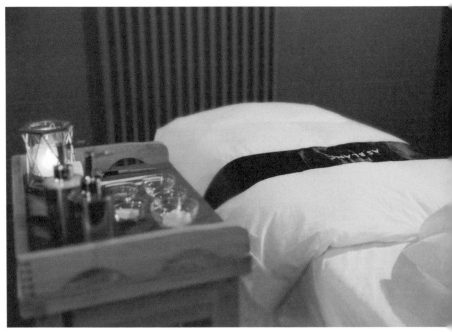

순면 침구류 등의 비싼 제품을 구매했어요. 왜냐하면 가맹 사업을 진행하면서 현실적인 이유로 하지 못했던 것들이 있어서, 최대한 우선순위로 두고 진행했습니다.

모든 것을 이상적으로 할 수는 없지만, 최소한 이런 부분들을 한 번씩이라도 생각해보면서 인테리어를 갖추면 좋을 것 같습니다. 비용도 따져봐야 하겠지만, 인테리어야말로 매장의 아이덴티티를 가장 직관적으로 표현할 수 있는 부분입니다. 그래서 매장을 만드실 때, 다른 투자비용들과 비교해서도 인테리어에 높은 우선순위를 두면 좋겠습니다. 시각적으로 보이는 모든 부분이 인테리어의 일부라고 생각해주세요.

## 아무것도 모르겠다면?

인테리어에 대해 아무것도 모른다고 생각하실 때는 프랜차이즈나 컨설팅을 받으시기를 권합니다.65) 또 돌고 돌아 프랜차이즈냐고 생각하실 수는 있지만, 그것이 아니면 현실적으로는 컨설팅을 받는 것이 지금 에스테틱 창업 현실에 맞을 것 같아요. 이게 아니면 본인이 직접 에스테틱을 다니면서 공부하면 되지만 시간이 너무 소요될 수도 있고, 가장 중요한 것은 인테리어 설계의 디테일을 잡아내지 못할 수도 있으니까요.

케어를 받는 공간과 상담하는 고객 대기 동선에는 문을 설치하여 소음을 줄여야 하고, 케어룸도 방음을 집중적으로 신경 써야 합니다. 제가 계속 모방하고 습득하라는 조언을 드리고 있습니다만 5성급 호텔에 가서도 느껴지는 게 없고, 어떻게 해야 할지 갈피를 못 잡을 수 있잖아요. 그러면 프랜차이즈나 컨설팅을, 돈을 써야죠.

요컨대 돈을 아끼는 게 목적이 아니라, 같은 돈을 투자하더라도 최대한 효율적으로 제대로 만들어내야 합니다. 저렴하게 만들다 보면 고객님들도 낮은 티켓팅을 하는 게 맞잖아요. 초기에 말씀드렸지만 단가가 낮아진다는 것은 장기적으로 봤을 때, 퀄리티 유지의 어려움이 반드시 따릅니다.

첫 이미지, 첫인상, 첫 느낌의 1초를 보고 매장의 가치와 가격이 판단될 수 있기 때문에 인테리어에서 매장의 가치를 일차적으로 표현해내야 합니다.

59) 보복 소비(revenge spending)는 원래 배우자에게 과소비로 보복하기 위해 사치품 등을 흥청망청 사들이는 것을 뜻하지만 현재 의미는 신종 코로나바이러스 감염증(코로나19) 등 외부적 요인으로 억눌렸던 소비가 보복하듯 한꺼번에 분출되는 현상을 뜻한다. (출처 : 연합인포맥스, 〈[시사금융용어] 보복소비〉)

60) 한국경제, 〈백화점에 몰린 '보복 소비'…코로나 지웠다〉

61) 2030세대의 명품 소비를 바탕으로 명품 플랫폼은 가파르게 성장 중이다. 온라인 명품 커머스 머스트잇의 지난해 거래액과 거래 건수는 전년보다 각각 66%, 61% 늘었다. (출처 : 이투데이, 〈"MZ세대 명품 '플렉스' 덕" 지난해 온라인 명품 시장 10% 커졌다〉)

62) 신세계백화점에 따르면 지난해 전체 명품 매출 중 20·30대 구매 비중은 50.7%로, 처음으로 절반 이상을 차지했다. 반면 40대 이상 비중은 점차 줄어들고 있다. 신세계백화점 자료에 따르면 지난해 40대 구매 비중은 25%였다. 2018년 25.6%였던 것과 비교했을 때 소폭 감소했다. 60대 이상도 2018년 7.8%였으나 지난해에는 7%로 감소했다. (출처 : 이투데이, 〈'명품=특별함'에 거침없는 플렉스…백화점 큰손된 'MZ세대'〉)

63) '컬러'와 '테라피'의 합성어인 컬러테라피는 우리가 일상에서 접하는 다양한 컬러의 에너지를 통해 신체적, 심리적, 정신적, 영적 부분의 균형을 돕는 것을 말합니다. 색의 에너지와 성질을 심리 치료와 의학에 활용하여 스트레스를 완화, 해소시키고 삶의 활력을 키우며 심리적 안정이 가능한 정신적인 요법입니다. 긍정, 기쁨, 행복, 감사, 열정, 봉사 등의 에너지를 컬러테라피에서 찾고 채워나갈 수 있습니다. (출처 : 한국컬러테라피 협회)

64) 문항심 옮김, 반니, 2020.

65) 동선과 순환의 패턴, 자연광 및 인공 조명의 필요성과 정도, 음향 효과, 냉난방, 공기 조절의 상태, 실내 공간의 분위기, 적절한 재료 선택 : 심미성, 경제성 고려, 공간의 이미지 부각, 고객의 요구 등 12가지를 고려하라고 나와 있습니다. 하나씩 어렵게 생각

하시면 끝도 없습니다. 여기서 제시한 프랜차이즈나 컨설팅이 이것을 모두 고려하는지는 모르겠으나 무지한 상태에서 접근하기에는 어려움이 있다는 말씀입니다. 직관도 경험이 쌓여야 가능합니다. (출처 : 동방디자인교재개발원, 《인테리어 용어사전》, 동방디자인)

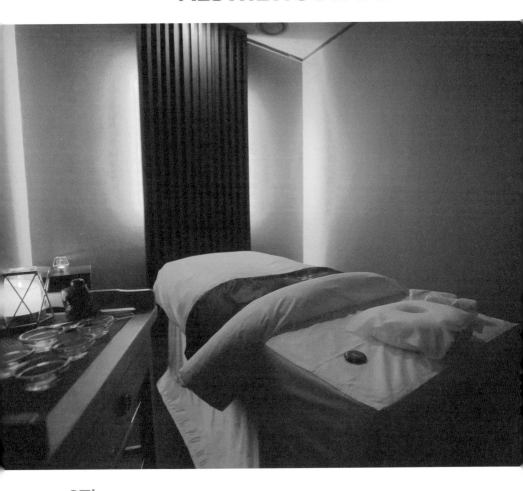

6장

# 프로그램 구성과
# 가격 책정

우리가 제안할 프로그램보다는 일단 고객의 니즈를 들어보고,

고객 분류를 하고 적용해보고, 프로그램을 수정하는 것인데,

무턱대고 프로그램을 만들고 고객에게 대입하려고 하면,

분명히 작은 부분들이 어긋날 수밖에 없어요.

# 1. 프로그램 구성

페이스 위주로 가는 매상들이 있고, 타이마사지처럼 바디에만 집중한 매장들도 있습니다. 하지만 에스테틱의 기본이자 경쟁력은 바디와 페이스를 함께하는 것, 순환, 힐링입니다. 하나씩 말씀드리면서, 그에 맞는 프로그램을 제안하려 합니다. 미리 요약하자면 힐링이라는 방향성이 지금 변화하고 있는 시장에 가장 이상적이고 현실적이라고 생각합니다.

## 1) 프로그램의 명확한 방향성

에스테틱에서 얼굴만 전문으로 한다고 하면 피부과나 성형외과에서 받는 것만큼 효과가 있나요? 효과가 있다고 해서 에스테틱에서 마케팅 비용과 교육비를 투자하는 게 효율적일까요? 당연히 효과가 있어야겠지만 방향성이 조금 다를 것 같아요. 제가 계속해서 강조하는 것은 에스테틱의 기본으로서의 순환, 힐링 케어잖아요.

이런 확신들이 생긴 이유는 저도 피부 중심의 프로그램을 선호했고, 케어해 봤어요. 예전엔 가능한 트렌드였으니까요. 그런데 재티켓팅이 너무 떨어지는 거예요. 그러면 가장 기초적인 대처법으로 데이터를 만들고 이유를 찾아야죠. 결론은 간단했어요.

'그럴 거면 피부과 가지'

의료인에 대한 신뢰는 모든 직종 중에서도 항상 높게 나타납니다.[66] 이미지부터 이기기 어렵다는 말씀입니다. 피부과가 예전에는 피부 질환 치료에만 집중했다면, 지금은 삶의 질을 향상시키는 시술들이 늘어나면서 고객님들이 고를 수 있는 페이스 프로그램이 정말 다양해졌어요. 그리고 즉각적인 효과도 상대적으로 빠르기 때문에 에스테틱으로서는 피부과가 직접적이고 강력한 경쟁자일 수밖에 없습니다.

그래서 이제 에스테틱은 피부과에서 할 수 없는 프로그램을 찾고 차별성을 강화해야죠. 하지만 그렇다고 해서 바디에만 집중하는 것은 에스테틱이 아니죠. 그건 단순한 마사지 숍으로 인식됩니다. 이상적인 테라피는 2가지가 잘 배합되어 있어야 하죠.

바디도 피부처럼 타입이 있어요. 페이스와 바디 둘 다 그에 맞게 제품, 압, 템포, 테크닉, 정확한 근육 이완 및 림프 배농 등을 배합해 프로그램을 제공하는 것이 가장 이상적인 관리죠. 어떻게 보면 에스테틱은 머리부터 발끝까지를 하나의 피부라고 생각하고 프로그램을 만들어야 합니다.

## 프로그램의 타깃팅

회사에 있으면 제품을 기획할 때 기본적으로 타깃팅을 설정하잖아요. 그렇다면 에스테틱도 타깃팅을 가지고 프로그램을 만드는 것이 좋을지를 고민했습니다. 그에 따라 프로그램을 만들고 마케팅을 구상해봤어요.

고객의 니즈를 파악하고 수요 예측 모델을 설정하고 마케팅 전략을 수립합니다. 예를 들면 STP(Segmenting-targeting-positioning) 전략67)이 있습니다. 세분화해서 에스테틱 업계에 적용 가능한지 검토해 보았는데요. **제 생각에는 현재 이러한 전략을 모두 세우고 접근할 수도 없을뿐더러 이러한 전략이 크게 필요하지 않다고 생각하고 있습니다.**

이처럼 여러 가지를 검토한 결과, 저희는 고객의 연령대를 선별하지는 않았어요. 저희 프로그램은 그런 특정 나이를 타깃팅하기보다는 '힐링'이라는 키워드에 맞춰져있어요. 테라피의 본질과 기본을 지키고 발전시켜야 퀄리티, 신뢰가 생기고 브랜드가 생기니까요.

특정 나이대나 트러블 같은 케어에 집중하는 곳도 있습니다. 하지만 그렇게 제품과 프로그램을 세팅할 경우에는 아무래도 고객층이 얇아질 수밖에 없고, 그렇게 성공한 매장이 있겠지만 역설적으로 그렇게 작은 파이에서 이미 성공한 모델들이 있다는 것은 그만큼 경쟁이 심하다는 겁니다.

물론 저희 에즈블랑을 찾아와주시는 고객님들도 노화, 탄력, 수분 등 안티에이징이라는 니즈를 많이 가지고 오시고, 넓게 본다면 피부 고민이 높은 비율을 보이는 것도 맞습니다. 하지만 그 회원들을 유지하기 위해서는 지속적인 니즈가 필요잖아요. 그렇기 때문에 당연히 지속적인 니즈가 무엇일지 고민했습니다.

상담과 차트 등 사례를 모으며 연구한 결과를 보니까 어깨, 목, 순환, 피로 이런 얘기들이 꾸준히 중복되더라고요. 그래서 심신이 모두 편안한 힐링을 기반으로, 피부도 맑고 생기 있게 해줄 수 있다면 고객의 니즈에 완벽히 부합하겠다는 결론에 도달했습니다. 그래서 특정 계층, 득정 피부에 올인 하는 매장보다는 근본적이고 지속적인 니즈를 공략하는 게 옳다고 본 겁니다.

이와 반대되는 단적인 예로, 요즘 젊은 층들이 많은 상권에서 타깃팅으로 트러블 케어라는 키워드를 쓰는 경우가 있는데, 저는 이런 것들이 극단적으로 확률이 떨어지는 타깃팅이라고 생각해요. 또 다른 예로는 남성을 안 받는 곳이 있는데요. 맥락은 비슷하지만 조금 다른 점도 있다고 생각해요. 케어 룸이 너무 작아서 여성 고객과 자주 겹치게 되는 경우에는 괜찮은 선택이라고도 보입니다만, 그런 것들은 룸의 크기와 시장성을 파악하고 하셨으면 좋겠어요.

이번 파트를 보시면 명확한 방향성이라는 파트와 같은 결론이지만 논리는 다르잖아요. 당연히 계획을 세울 때는 여러 가지 요소를 고려해야 하기 때문에 얘기를 하다 보면 결국 같은 말을 하는 것이 아닌가 하는 경우가 있어요. 하지만 달리 본다면 그만큼 이유가 많다는 얘기가 되는 거니까, 다각도로 봐주셨으면 좋겠습니다.

## 2) 프로그램의 시간

프로그램을 만들 때, 반드시 고려되는 것이 시간이잖아요. 사실 이걸 고려하지 않고 만드는 프로그램은 없을 거예요. 그렇다면 이 파트에서는 시간을 어떻게 효율적으로 배치할 것인지가 중요합니다.

최근의 트렌드를 살펴보면 현대인들이 바쁘기 때문에 시간을 줄이고 비용을 줄이면서 가격 경쟁을 유도하는 쪽으로 기울어 있다고 봐요.[68] 하지만 효용성을 제대로 드릴 수 있는 최소한의 시간도 있다는 사실을 놓치지 말아야 합니다. 즉 시간과 시간에 따른 가격, 그리고 효용성인데요.

사실 효용성을 최우선시해야 하는데 초점이 흐트러진 것 같아요. 저는 페이스, 데콜 기준으로는 최소 50분은 되어야 한다고 생각해요. 그건 직접적인 효과도 영향이 있지만 관념적인 시간 때문이기도 합니다. '고객님이 프로그램을 받으시고 충분히 포만감을 느낄 수 있을까' 하는 부분이죠.

논문을 찾아보면 30분을 해줘도 안했을 때보다 무조건 효과가 좋다는 결과는 넘쳐나지만, 그 디테일을 파악하고 비율을 만들기 위해서는 많은 데이터가 필요했어요. 그렇게 **제가 궁극적으로 만들어낸 프로그램의 이상적인 시간은 페이스와 바디를 배합해서 90분입니다.** 페이스(주변의 목과 데콜까지입니다) 50분, 바디(등·허리) 40분이에

요.[69)]

물론 원한다면 배합도 바꿀 수 있고, 2시간도 하고 2시간 30분 프로그램도 가능합니다. 하지만 대중에게 맞는 핏은 제시할 수 있어야 하잖아요. 2시간은 지루하다고 느끼고, 1시간 전신을 하다 보면 부분 부분하고 끝난 느낌으로 짧다고 아쉬워하고, 또한 1시간에 페이스와 상체 순환을 전반적으로 개선시킨다는 것은 촉박하기도 하고요.

또한 30분 이상 하나의 자세로 있는 것은 상당히 답답하잖아요. 불편함을 호소하는 경우도 있지만, 많은 분들은 테라피스트를 믿고 리드에 따라와 주십니다. 그래서 원장님도 여러 매장의 케어를 많이 받아보셔야 한다는 거예요. 기초적인 불편 사항들을 모르고 설계하면, 케어를 받으시는 분들이 컴플레인까지 하지는 않더라도 만족감을 느낄 수 없고, 그러면 회원이 될 이유가 없는 거잖아요.

한 가지 더, 누워서 자는 경우면 괜찮을 수도 있지만, 간혹 자고 일어나서 몸이 불편하신 경우가 있잖아요. 몸의 경직도가 심한 상태에서 자면 뭉칠 수 있고요. 그렇기 때문에 그런 자세가 보이면 자연스러운 리드로 불편한 자세를 교정해주셔야 하는 거죠. 그만큼 많은 지식과 경험이 필요한 일이에요.

결론적으로 프로그램의 구성은 효과, 시간, 비용 모두가 균형을 이뤄야 한다고 생각해요. 하지만 조금 전 바디에 대한 얘기가 많았다고 해서 바디에 치우치면 안 됩니다. 바로 앞 파트에서 말씀드렸듯이 고객님은 초기에 얼굴의 아름다움에 중점을 두고 찾아오는 경우가 많기 때문에 니즈라는 기본, 중심을 잃어버리면 안 되는 거죠. 모든 파트가 고객님의 니즈에 맞춰져 있는 겁니다.

### 3) 프로그램의 특수 테크닉

유튜브에서도 다룬 적이 있습니다만, 시장에서 외국의 특정한 테크닉을 수입해오는 형태가 있습니다. 마케팅 콘셉트를 만들기도 수월하고, 특징을 잡기 좋기 때문에 다양성과 신선함을 추구하는 트렌드에 맞기는 하죠. 그래서 이런 시도들이 시장의 입장에서 본다면 좋다고 생각해요. 다채롭게 하고 상쇄하면서 발전할 수 있으니까요.

그렇다면 어떤 고객이 저한테 비용을 가지고 오는 컨설팅의 관점으로 본다면 어떨까요? 저는 유튜브에서도 솔직하게 말씀드렸지만 약간 비추천한다고 말씀드렸어요. 요컨대 엄청 잘하면 해도 되지만, 똑같이 잘하는 테라피스트들이 있다면 파이의 크기가 충족이 될지 의문이에요.

시장의 니즈에 부합하고 효용성과 경쟁사, 비용을 고려해서 종합적으로 수익을 가져다줄 수 있는지가 중요한 부분입니다. 그런데 그 테크닉을 배우는 것도 비용이 필요하고, 마케팅에 용이하지만 마케팅 비용도 추가적으로 듭니다.

예를 들면, 집 앞에 편의점이 들어오면 홍보할 필요가 없어요. 저곳에 가서 비용을 지불하면 얻을 수 있는 것들이 구체적으로 그려지니까요. 하지만 인도의 전통 테크닉인 베다를 배워왔다고 하면, 그것이 어떤 것인지 설명부터 해야 하잖아요. 마케팅할 때 용이하다는 것은 독창성을 강소할 수 있다는 의미지, 쉽게 인지되었다는 것은 아니라는 거죠. 그것에 니즈를 가진 사람이 얼마나 될까요?

대신 극명한 장점을 말씀드리면 그런 테크닉을 가진 매장이 매우 드물기 때문에 시장의 경쟁자는 적겠죠. 또한 좋은 선례도 있습니다. 약손명가처럼 본인들의 특징을 대중화시켜버릴 수 있습니다. 하지만 그런 매장이 얼마나 될까요?

한국적인 에스테틱이라고 하면 이미지가 불분명하고 특별한 테크닉이 떠오르지 않을 수 있지만, 사실 한국적인 색깔은 상당히 섬세하고, 기본이 좋고, 믿을 수 있는 레벨이라고 생각해요. 최근 한국의 문화, 상품들은 최상급까지는 아니더라도 퀄리티의 결함은 없는 깔끔한 이미지인 것 같아요. 단적인 예로 OECD 내의 과학기술혁신역량만 봐도 2019년에 7위를 기록했고, 소프트파워 역량에서도 2019년 19위를 기록했습니다.

2020년은 코로나로 측정 오류가 높을 수 있다고 생각해서 2019년 통계를 언급했지만, 확실한 것은 코로나 이후로 더 좋은 퀄리티, 특히 안전, 안정이라는 니즈는 강해졌습니다. 그런 기본을 잘

챙기는 것이 한국적인 에스테틱이 될 수 있는 겁니다. 마찬가지로 이런 완벽한 기본기에 건강, 아름다움, 행복을 드리는 것이 에즈블랑 정신입니다.

## 프로그램의 포인트

프로그램의 기본도 좋고, 비율도 좋게 만들었다면 무엇이 필요할까요? 매력, 포인트, 네이밍 뭐가 되었든지 고객에게 딱 인지할 수 있는 것을 드리는 게 좋습니다.

인스타그램에는 정말 다양하게 시선을 멈추게 하는 장치들이 있잖아요. 저희도 고민할 수밖에 없는 부분입니다. 마케팅도 그렇고, 유입된 고객들을 장기 회원으로 만들기 위해서는 어떤 노력이 필요할지를 생각합니다. 결국 저희가 가진 것, 또한 그로 인해서 극대화할 수 있는 강점에서 답을 찾기로 했어요.

'검증된 데이터와 그로 인한 커스터마이즈'

우리가 제안할 프로그램보다는 일단 고객의 니즈를 들어보고, 고객 분류를 하고 적용해보고, 프로그램을 수정하는 것인데, 무턱대고 프로그램을 만들고 고객에게 대입하려고 하면, 분명히 작은 부분들이 어긋날 수밖에 없어요. 그럼 거기서 어떤 것들은 추가하고 배제하면서 프로그램의 형태가 만들어지는 것이죠.

예를 들면, 단순하게 어떤 화장품에 림프절 테크닉 이런 것들을 만들어 놓고 계속 고객을 맞추시려고 하면, 그런 것들은 아집이 되는 것이고 기본적인 고객의 니즈를 충족할 수 없으니, 회원은 배려를 느끼기 어렵습니다. 당연히 유연한 사고가 동반되어야 하죠.

하지만 이건 저희가 가진 강점을 극대화한 겁니다. 모두가 그럴 수는 없어요. 상권 분석과 인테리어에서 상대적 우위가 있다고 판단했기 때문에 **현란한 네이밍으로 의구심을 형성시키기보다는 기본에 충실한 것이 경쟁력을 가질 수 있다고 본 것이죠.** 오래전부터 유명한 설렁탕 맛집이 굳이 마약 설렁탕이라고 네이밍할 필요가 없는 것과 마찬가지입니다.

미용업계를 예로 들면, 엄청 좋은 위치에서 잘나가는 고가의 헤어숍이 업스타일만 잘하고 파마나 염색을 못한다고 생각하지 않아요. 그런데 굳이 업스타일 전문 매장이라고 마케팅하는 것은 오히려 역효과를 만들 수도 있다고 본 겁니다.[70]

무기를 어떻게 쓰느냐가 중요합니다. 본인이 잘하는 것이 무엇인지를 정확히 파악해야 하죠. 부작용이 생길 수도 있으니까요. 최근에는 고객이 한 번도 속지 않아요. 흥미로운 느낌으로만 네이밍했더라도 그만큼의 퀄리티를 보장해줘야 합니다. 대신 그 전략이 맞아 떨어진다면, 그 부분에서는 확실한 포지셔닝을 할 수 있겠죠. 약손명가 같은 좋은 선례가 있잖아요.

하지만 역설적으로 다른 예를 찾기 어렵다는 것은 그만큼 에스테틱에서 특이한 네이밍의 부작용이 크다고 볼 수 있고, 시도 자체가 적을 수도 있습니다. 이 파트는 조금 복잡해서 유튜브처럼 간략하게 정리해보면, 특이한 시도는 차라리 안하는 게 나을 수도 있으며, 그런 요소보다 커스터마이즈와 다른 요소에 투자하는 게 나을 수도 있겠습니다. 물론 에스테틱의 기본은 보장이 되어야겠죠.

## 4) 프로그램 교육 받는 법

에필로그에도 강조해서 나오겠지만 교육은 아주 중요한 부분이고, 저 또한 고민하고 있는 부분입니다. 저는 20대 시절부터 화장품 회사 연구소, 공장에서 원료부터 혼합 제조 과정까지 모두 눈으로 실습하고 경험했습니다. 화장품의 특성과 효능, 효과를 임상하는 테스트를 하면서 경험이 생겼고, 우리 회사의 화장품을 사용하면서 피부 나이와 연령에 따른 효용성에도 계속 관심을 가졌습니다.

그리고 천운이 따라 회사에서 경영하는 에스테틱팀을 맡으면서 피부 생리학부터 화장품 과학, 마케팅, 다양한 강의와 발표를 접했습니다. 제가 직접 발표하기도 했고요. 피부 자격증도 따면서 많은 경험과 노하우가 결합된 상태에서 경영하게 되었어요.

특히 계속해서 강조하고 있는 순환케어를 통한 컨디션의 조화와 균형, 맑은 피부톤 즉, 생기 있는 안색을 만드는 방법도 그렇게 배운 것 같아요. 오랜 시간 동안 축적된 이론과 실기를 모두 조합해서 가능했던 거죠. 그렇게 조금씩 전문가가 되는 것이라고 생각합니다.

저는 운이 좋은 경우였습니다. 그런데 일반적인 원장님들, 아니 그전에 당장 우리 직원들부터 어떻게 교육을 해야 할지 상당히 고민이 많았습니다.

일단 저희 직원들이 받고 있는 교육부터 말씀드리면, 일반적인 회의는 매일 합니다. 차트 분석을 통한 교육이죠. 당일 필요한 지식을 공유하고 적용할 수 있는 기회입니다. 그리고 정기 교육이 있죠. 이론과 실기를 따로 배웁니다. 하는 방법만 안다고 되는 것이 아니라 왜 그렇게 해야 하는지를 알아야 하고, 어떻게 적용되는지도 알아야 하죠. 그렇게 완벽히 이해가 되어야 응용이 나오고 발전을 할 수 있습니다.

그렇다면 일반적인 원장님들이 배울 수 있는 곳이 어디일지 생각해봤어요. 일단 대중적으로는 학교가 있고, 현실적으로는 화장품 회사가 있고, 특정인의 특강, 협회 모임 등이 있습니다. 당연한 말씀이겠지만 저는 다 하면 좋다고 생각해요. 하지만 컨설팅은 시간과 비용을 고려해서 이상적인 플랜을 제시해야 하니, 하나씩 따져볼게요.

첫 번째로, 학교는 지금 원장급이 경영을 하시면서 다닐 곳이라면 거의 학원에 가까운 형태로 학점을 따는 곳일 텐데 그래도 이론을 배우기에는 효과적이라고 봐요. 말 그대로 교과서적인 지식을 배울 수 있는데요. 저는 한국 에스테틱을 냉정히 말해 너무 실기 위주로 편중되어 있다고 생각하기 때문에 학위도 따고, 이론 공부도 하고, 시간만 만들 수 있다면 비용이 가장 많이 들고, 힘들지만 얻을 수 있는 것이 많다고 생각합니다.

두 번째로는 화장품 회사가 있죠. 가장 대중적인 것 같아요. 제품 구매와 특징과 사용법 위주로 배울 수 있는 패키지인 셈인데, 이론 교육까지 충분히 해주기에는 시간이 넉넉하지 않은 것 같아요.

두 가지 측면이 있죠. 당장 원장님들이 그런 니즈가 있다면 화장품 회사도 그에 따른 인력을 보충했을 것입니다. 하지만 시장의 크기나 니즈의 부합 등을 따져봤을 때, 정말 좋은 이론적 지식을 제공할 화장품 회사는 따로 소문이 날 정도로 희귀한 것 같아요. 다양한 회사의 교육을 들으면서 지식을 쌓는다면 충분히 효율적인 공부가 될 겁니다. 다만 본인이 노력하지 않는다면 단순 사용법을 벗어나기는 어렵겠죠.

마지막으로는 특강이나 모임 같은 방법이 있는데요. 이건 오히려 노력이 가장 필요한 부분입니다. 당장 특강을 찾아야 하고 모임이라면 각자의 콘텐츠도 준비해야 하니까 상당한 노력이 필요하죠. 그렇기 때문에 열정이 맞는 분들과 한다면 정말 좋다고 생각해요. 저도 이런 긍정적인 모임을 만들고 싶은데 현실적으로 쉽지가 않더라고요.

종합적으로 본다면 학교를 가는 것이 아니라면 회사와 네트워크를 활성화하면서 이론과 실기를 배우고 교류하고, 축적해 놓은 데이터를 해석하고 개선하면서 발전해야 하기 때문에 본인의 열정이 정말 중요합니다. 논문도 무료로 제공되는 것이 많아요.[71] 당연한 얘기 같지만 스스로 공부하고, 공부한 것과 경험한 것들을 교류하는 것은 정말 도움이 됩니다.

# 2. 제품 구성

## 제품 가격

프로그램의 큰 골격들은 언급했습니다. 조금 부족하다고 느끼는 분들이 계시겠지만, 개인의 특성이 아주 다르기 때문에 에스테틱 경영에 통용되는 이야기 위주로 다뤘어요.

제품의 구성도 마찬가지에요. 이거 써라, 예를 들어 프랑스 제품을 쓰라고 강권하지 않습니다. **중요한 것은 시스템을 만드는 것입니다. 그 시스템을 왜 그렇게 구축해야 하는지도 중요하죠.** 그러기 위해서는 시장을 이해할 필요가 있습니다. 이렇게 나눠볼게요. 필요한 것들과 부수적으로 필요한 것들.

저도 화장품 회사에 있었지만, 화장품 회사에서 여러 가지 품목을 만들려고 하는 것은 어쩔 수 없어요. 수익을 늘려야 하니까요. 그렇기 때문에 새롭게 만든 품목에 이름을 달고 마케팅을 하는 것이죠. 순진하게 회사의 니즈를 모두 충족해서 제품을 구매해주면 너무나 많은 화장품을 사용하게 되니 비용이 늘어납니다. 그러니 정말 필수적인 것들을 먼저 나눠보자는 거죠.

첫 번째로 클렌저, 두 번째로 민감하거나 건조한 피부 타입에 맞는 앰플이나 크림, 세 번째로 얼굴과 바디에 맞는 테크닉을 해드리는 것이고, 네 번째가 관리 후에 발라주는 팩을 기본으로 한다고 하면, 5~6가지가 세팅되면 기본적인 제품은 구성된 겁니다. 그곳에 본인의 매장의 방향성에 맞는 제품들과 콘셉트를 가져오셨다면 콘셉트에 맞는 제품이 추가적으로 필요하겠죠.

이 얘기는 가격 책정과 아주 밀접한 부분이라, 제품 가격 비율에 대한 이야기를 자세히 이어가보겠습니다. 제품 가격의 비율은 티켓팅 가격의 10%가 이상적이라고 생각합니다. 왜 10%일까가 중요하겠죠.

순이익을 1천만 원 만들고 싶다면, 시스템적으로 역산해봅시다. 고객은 많다고 가정할게요. 그럼 크기는 30~40평, 그 정도면 월세는 적은 곳은 250만~400만 원, 보증금은 지역마다 편차가 크지만 대출이 아니면 월 고정 지출이 아니니 3,000만~1억 원 정도, 직원도 주 5일 근무에 프로그램 시간 90분을 고려해서 분배할 때, 교육·정리·휴게 시간도 감안해서 대략 3명으로 보고, 임금은 250

만 원으로 가정합시다.

　그리고 상가는 관리비가 들죠. 그걸 대략 100만 원, 물품을 250만 원 썼다고 해보자고요. 그리고 세금까지 내면 2,500만 원은 벌어야 나한테 오는 돈이 1,000만 원 가까이 돼요. 여기서 제품 비율이 10%였던 거죠. 이걸 30%로 올리면 500만 원 남는 거예요. 물론 괜찮지만 이긴 본인이 일했을 때를 계산한 것이고, 고객이 넘칠 때의 직원분들 인센티브를 아직 더하지 않았죠. 그런데 아마 이 정도 매출이면 인센티브가 나올 정도로 바쁘지는 않을 거예요.

　그러면 2,000만 원 남기려면? 4,500만 원은 찍어야 하죠. 그리고 직원이 5명은 있어야 하죠. 매니저 1명에 관리사 4명은 있어야 해요. 이렇게 설계하다 보면 제품 가격은 20%만 넘겨도 리스크가 커져요. 여기서는 제외했지만 운영하다 보면 인테리어 같은 부분도 비용이 들어가니까요.

　그럼 이제 개인숍으로 가볼까요. 월세는 좀 작을 테니 150만 원이 고정비로 들고요. 관리비 70만 원까지 해서 대강 220만 원으로 잡고, 제품 150만 원 쓴다고 하고, 매장 내의 인테리어 같은 관리비까지 하면 40만~50만 원 들어요. 이 정도로 괜찮은 퀄리티를 유지하려면 한 달에 300만~400만 원은 들어요.

　그냥 세금까지 하면 1,500만 원 벌어야 하죠. 그런데 1,500만 원을 하려면 안 쉰다는 가정에서 하루에 50만 원 매출을 해야 합니다. 그렇다면 10만 원 프로그램을 5명씩 해야 하죠. 아마 개인숍의 현실을 아는 분들은 어렵다고 생각하실 겁니다. 그래서 화장품을 판매하려는 시도가 많기는 합니다만, 정체성을 잃으실 수 있으니 주의가 필요하고요.

여기서는 이것만 말씀드릴게요. 고정비가 생각보다 많이 들어갑니다. 포트폴리오를 잘 만들고, 비용을 잘 분배하고, 특히 제품을 정말 효율적으로 구매해야 합니다. 아이크림을 20만~30만 원짜리 쓰면 제품 값이 2배는 더 들 테고, 그러면 매장 내 관리비와 교육비 등의 지출을 감당할 수 있을지를 파악해야 하죠. 제 생각에는 1인숍이라면 초기에 인테리어에 가장 많은 투자를 하고, 상권 분석을 확실히 하는 게 가장 중요합니다. 이 얘기는 각 장에서 하겠습니다.

그러면 제품 가격을 무조건 낮춰야겠다고 생각하실 수 있는데, 이 또한 큰 착오가 될 수 있음을 당부 드립니다. 제품 가격을 올려서 좋은 제품으로 프로그램을 비싸게 구상하는 방법도 있으며, 매출이 높은 매장은 상대적으로 저렴하게 대량으로 가져올 수 있습니다. 요점은 10%라는 숫자가 왜 나왔는지, 즉 포트폴리오 혹은 시스템을 어떻게 갖추는지가 포인트예요.

저희의 경우에는 유지비가 3,000만~4,000만 원 들고, 매출은 1억 원 가까이 하기 때문에 그런 계산을 안 해도 괜찮다고 보실 수도 있습니다. 하지만 오히려 이런 시스템이 있어서 그 매출을 기록했고, 활발히 재투자가 이뤄져 만 2년도 안 되어 매장이 4개로 늘어났다고 생각합니다.

## 제품 브랜드

어떤 회사 제품을 쓸지, 넓게는 어떤 나라의 제품을 쓸지를 많이 고민하세요. 저는 국적이 중요하지는 않다고 생각해요. 당연한 말이라고 생각하시면 좀 젊으신 분일 것 같아요. 앞서 다뤘지만 예전의 국산 화장품의 퀄리티는 유럽과는 차이가 많았어요. 제도도 다르고 노하우, 산업성이 모두 달랐으니까요. 그래서 초기였던 1980년대부터는 외국 제품을 쓰는 게 유행이었던 것 같아요. 그런 차이점을 가지고도 시장성이 확보되던 시절이었죠.

지금은 아니에요. 지금 그런 행태가 통하지 않는 이유가 저는 정보의 보편화로 인한 투명성 강화로 보고 있습니다. 유튜브와 인터넷을 검색하면 가격을 포함한 정보들이 금방 나와요. 이제는 가격을 속이고 성분을 과대 광고하는 것이 불가능하죠. 또한 한국 화장품 자체의 발전도 있었죠. 자극적이고, 트러블 나고, 향이 강한 제품들은 이제 거의 없어요. 저렴하다는 인식이 드는 요소를 제거하고 퀄리티가 높아진 것이죠.

《경제학 사전》(박은태·박유현, 경연사)에 따르면, 정보의 비대칭성 (asymmetric information)은 경제적 이해관계를 가진 당사자 간에 정보가 한

쪽에만 존재하고 다른 한쪽에는 존재하지 않는 상황을 말합니다.

즉, 에스테틱에서는 고객이 가격을 쉽게 알 수 없는 고가의 해외 제품을 들여와 매우 높은 단가의 관리를 유지했던 경우를 말씀드리려고 합니다. 이 부분에 대해서는 논쟁이 많아서 한 가지 말씀드리면, 높은 가격의 제품을 가지고 높은 가격의 프로그램을 판매하는 것이 문제라는 것이 아니라, 정보가 공개되고 직구가 활발해지면서 적절한 가격대의 제품을 이용해 좋은 프로그램을 판매하는 매장이 가성비 경쟁에서 이겼다고 보는 것이 더 적합하다고 생각합니다.

단가를 해외 제품에만 의존했던 예전 트렌드는 변화하고 있습니다. 그렇다면 이제는 에스테틱 시장에서 강점, 차이점을 가져다줄 수 있는 것이 뭐가 있을지를 고민하셔야 해요. 제가 있던 세레니끄를 예로 들면 화장품이 신뢰할 만한 출처를 가지고 있는 회사이기 때문에 2세대까지만 해도 당시에 다른 에스테틱 업체들보다 현격한 우위에 있었어요.[72] 지금은 한국 화장품의 퀄리티가 더욱 높아졌기 때문에 또 달라지고 있다고 생각해요.

그렇다면 이 높아진 기준에서 또 엄청난 공법과 효과를 가진 초고가의 화장품을 쓰거나 다른 강점을 강화하거나 하는 방안을 모색해야 합니다. 하지만 바로 앞의 파트에서 말씀드렸듯이 제품 가격을 무한히 올릴 수는 없습니다.

그래서 저는 계속 강조한 테라피, 서비스 등의 본질을 강화하면서 힐링 브랜드를 만드는 게 현실적으로나 이상적으로도 옳다고 생각하며, 단순하게 제품의 국적에 따라 비용을 지출하기보다는 교육비에도 충분한 비용을 분배해서 테라피의 퀄리티 증진도 반드시 고려해야 합니다.

# 3. 가격 책정

가격은 품질을 고려해서 책정해야 합니다.[73] 인테리어, 화장품, 테라피스트의 지적·기술적 능력, 상권의 위치, 상대적인 가격 차이 등을 고려하면서 고객들이 결제를 하죠. 기존에 쌓아왔던 브랜드 가치, 침대, 음악, 이불, 주차, 상가 등의 모든 요소가 모두 포함되는 거예요. 비싸게 받는 매장은 이유가 있어요. 항상 바꿔서 생각하시면 됩니다.

음식과 마찬가지예요. 유명한 셰프가 신선한 재료로 만들어주는데 장소가 푸드 트럭이면, 레스토랑처럼 받을 수 있을까요? 그러면 이제 여러 가지를 섞어볼게요. 유명한 셰프가 이틀 지난 재료로 만들어서 레스토랑에서 파는 것과 유명한 셰프가 신선한 재료로 만들어서 푸드 트럭에서 팔면 어떤 음식이 더 비쌀까요? 그건 모르죠. 고객님의 이성에 달려있겠죠.

하지만 그런 요소들을 비교하면서 선택하는 것이기 때문에 가격은 철저하게 따져서 책정해야 합니다. '내가 이번에 화장품 하나 바꿨으니까 몇만 원 올려야지, 내가 좋은 직원으로 바꿨으니까 몇만 원 올려야지, 좋은 이불로 바꿨으니까 몇만 원 올려야지' 같은 이야기가 되어야 하니까요. 여러 가지 요소를 모두 고려해주세요. 고객은 촬영까지 모든 것을 고려합니다.

그래서 이 책의 파트를 보시면 전부 수익을 창출하고, 비용을 줄이는 방식들을 모아 놓은 것입니다. 모든 것들이 하나씩 조금씩 더해져야 하죠.

그래도 가격 책정의 포인트는 있어야겠죠. 첫 번째 포인트로서 더 높은 비용을 받고 싶으실 경우, 본인만의 특이한 테크닉과 아주 특별한 제품을 사용한다면 더 높은 비용을 받을 수 있습니다. 왜냐하면 시장에서 희소성이 있는 거니까 가능합니다.

하지만 단순하게 본인이 잘한다는 이유로 가격을 높게 책정한다면 그건 과신이 될 수 있습니다. 내가 옆 매장보다 잘한다는 것을 어떻게 직관적으로 이해시킬 수 있을지가 포인트가 되니까요. 압도적인 우위나 소비자를 이해시킬 것들이 있을지 생각해야 합니다. 이걸 시장성이라고 하죠. 고객을 납득시키는 것이 중요합니다.

임의로 5단계의 가격으로 나눈다면 저희는 4단계, 중상 정도의 가격을 받습니다. 제가 고객이라면 이 정도 시설에 이 정도의 테라피스트, 이 정도 시간이면 중상을 받아도 괜찮다는 생각이 들었기 때문이에요. 절대적으로 맞았다고 할 수는 없지만, 매출 포트폴리오를 봤을 때 지금의 시장에서는 고객들을 납득시킨 것 같아요. 그렇다면 그 중상 정도의 가격의 기준은 어디서 왔을까요?

두 번째 포인트로서 가장 쉬운 방법인데요. **지역 가격을 비교해보세요. 본인이 생각하기에 본인의 매장과 비슷한 인테리어 수준과 평수의 매장을 가보세요.** 그런 다음에 '잘되는 매장, 안 되는 매장들도 이런 부분에서 더 높은 비용을 받았구나', '이런 부분 때문에 고객님이 힘들어 하겠구나' 하는 요소를 배워야 합니다. 거기서 내가 3가지 이상 이유들을 제시할 수 있다면 1만 원 더 받아도 되겠다고 생각하셔도 좋을 것 같아요.

마지막 포인트로 가격은 절댓값도 중요합니다. 비용이 나와야 품질을 유지할 수 있기 때문에 일단 싸게 하겠다고 하면 재투자비가 나오지 않아서 고객님들의 니즈를 만족시킬 수 없습니다. 장기적으로 생각한다면 저가 관리는 저렴한 품질을 야기할 수밖에 없고, 그렇다면 경쟁자에게 밀리는 악순환이 이어집니다. **무조건 비싸도 안 되지만, 무조건 싸게 하는 것이 이 시장에서의 경쟁력을 가지게 하는 것은 아닙니다. 포인트는 가성비, 경쟁력, 시스템입니다.**

프로그램의 가격을 마음대로 설정할 수 없습니다. 예를 들어 몇 년 차의 경력과 위치와 화장품 가격을 넣으면 적정 단가가 만들어지는 것이 아니라, 가장 중요한 것은 상권에서의 경쟁력입니다. 왜냐하면 고객의 다수는 지역에서 거주하시는 분들이기 때문입니다.

**66)** 과학자가 60%로 1등, 의사는 56%로 2위를 기록하였다. 상대적으로 높은 수치라고 볼 수 있는 것이 변호사가 25%, 판사가 32%를 기록했다. 조사 대상 23개국 중 과학자가 12개국에서 가장 높은 신뢰를 받았고, 의사가 7개 국가에서 가장 높은 신뢰를 가진 직업으로 기록했다. (출처 : http://www.ipsos.com 〈가장 못 믿을 직업 1위 정치인… 과학자 가장 신뢰〉)

**67)** 김경민 · 박정은 · 김태완, 《고객가치기반 신제품 마케팅전략》, 박영사, 2019

**68)** 관리 단가가 10년 전에 비해서는 확실히 낮아졌다고 봅니다. 2가지로 추론했는데요. 우선 특정한 브랜드나 특정한 혁신 없이 매장 수가 증가했습니다. 즉, 단순한 공급 증가로 인해 가격 하락을 유추할 수 있고, 두 번째로는 화장품이나 필링 등 정보의 비대칭성으로 인해 높게 책정되었던 단가들이 최근 정보가 투명화되면서 고가 전략에 타격을 입은 것으로 유추할 수 있습니다.

**69)** 20~30대 여성을 대상으로 등과 복부 경락마사지군을 실험군으로, 복부 경락마사지군을 대조군으로 주 2회씩 6주 동안 총 12회 진행하였다. 실험군은 등 15분과 복부 15분으로 총 30분, 대조군은 복부만 30분 하였는데, 논문의 결과로는 등과 복부를 15분씩 나눠서 한 실험군의 혈액순환, 소화력 등에서 더 좋은 수치를 기록하였다. (출처 : 한현정, 〈등과 복부 경락마사지가 성인여성의 복부비만에 미치는 영향〉, 2010)
전체적인 순환을 해주는 것이 신체 밸런스에 훨씬 더 좋은 결과를 가지고 올 수 있기 때문에 피부 건강에도 훨씬 더 좋은 결과를 낼 수 있습니다. 그래서 프로그램을 구성할 때 페이스와 바디를 포함한 것입니다. 또한 40분을 설정한 이유는 하체부터 등, 목까지 가는 최소한의 시간을 책정한 것입니다.

**70)** 태그라인, 과거에는 슬로건 같은 전략으로서 특정 분야의 전문성을 이용해 마케팅하는 것이 어떻게 본다면 마케팅학적으로 기본 전략인 것은 맞습니다. '한국비즈니스협회' 대표 김주하님이 쓰셨던 저서에서도 그것을 잘 짚어주셨습니다. 제가 지적하고 싶은 것은 기본기가 준비된 상태에서 특정 분야를 더욱 발전시키는 전략은 가능하겠지만, 지금은 많은 부분에서 다른 산업에 비해 개선해야 할 부분이 많습니다. 이론적

인 지식과 투명성이 특히 그렇습니다. 그렇기 때문에 역설적으로 에스테틱 산업은 아직 기본기만 좋아도 수익을 만들 수 있는 시장이라고 판단된다는 말씀입니다. (출처 : 김주하, 《끌리는 사람은 매출이 다르다》, 나비의 활주로)

71) 오해를 염려해 말씀드리면, 학위논문 정도는 그 학교의 학생이 아니라도 쉽게 접근할 수 있습니다. 또한 유튜브나 인터넷에 나와 있는 지식들은 오류가 매우 많아서 주의하셔야 합니다. 교차 검증은 기본적으로 해야 합니다. 고객들은 유명한 포털 사이트에 나와 있는 정보를 알고 오는 경우가 많기 때문에, 전문가라면 주기적으로 확인을 해서 그런 잘못된 정보들도 가지고 계셔야 전문가로서의 권위를 가지실 수 있습니다.

72) 해외의 고가 제품보다 우위에 있었다기보다는 출처가 확실한 제품, 더불어 당시에 인테리어나 체계적인 직원 교육, 위생 점검 등의 측면이 프랜차이즈 초기 단계에 근접했기 때문에 종합적인 개인 단위의 매장보다 우위를 가졌다는 해석이 더 적합합니다.

73) 프랜차이즈를 고를 때 가장 크게 고려하는 요인 1순위는 품질(31%)이었습니다. 2위는 가격(28%), 다음으로는 위생(15%)이었습니다. 이 3가지만 충족시켜도 100명 중 74명을 만족시킨다는 뜻입니다. 하지만 재밌는 것은 품질과 가격은 비례하기 어렵잖아요. 그래서 가성비를 고려할 수밖에 없습니다. 매장, 프로그램을 구성할 때 판매 가격까지 고려하며 가성비를 만드셔야 하는 것이죠. (출처 : 이데일리 EFN)

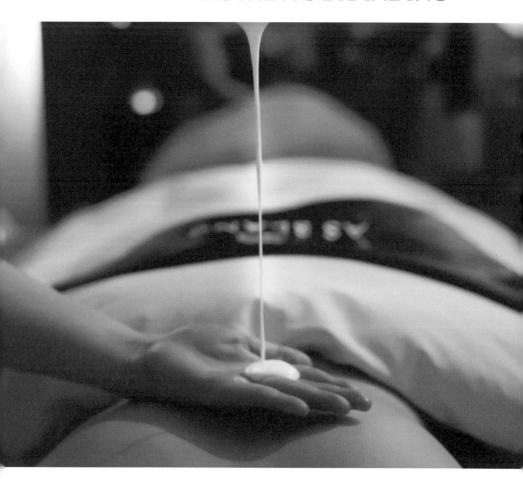

AESTHETIC BRANDING

7장
# 테라피스트 × 직원

이상적으로 말씀드린다면 직원이었던 사람만

사장(점주)이 될 수 있는 구조로 만들고 있어요.

# 1. 테라피스트 이해

테라피스트인 직원과 어떤 관계를 유지해야 할까요?

저는 가장 어려우면서 가장 중요한 부분이라고 생각합니다. 일단은 서로의 시점을 이해하면서 공생할 수 있는 합리적인 접근이 필요할 것 같아요. 합의점은 찾을 수 있다고 생각합니다. **둘 다 수익을 만들겠다는 목표는 같으니까요.**

이런 것들을 포괄적으로 소통이라고 하는데 그것들이 어떻게 이루어질 수 있는 것인지 저도 난제인 만큼 계속 고민하며 개선하고 있고, 나름의 방식을 말씀드리는 것이 맞다고 생각합니다.

저는 최대한 에스테틱 종사자만을 기준으로 말씀드리고 싶기 때문에, 적당한 자료라고 판단되는 것들만 사용했습니다. 제가 경영을 하면서 법적으로 관리했던 테라피스트가 한 번에 300~400명 정도 되었어요. 8년 정도 있는 동안 들어왔다 나갔던 직원까지 포함한다면 1,000명은 넘을 거예요. 대학교에서 강의도 하면서 많은 얘기를 나눌 수 있었습니다.

개별적인 특징을 담을 수는 없지만, 분명히 일에 대한 태도는 변한 것 같아요. 첫 번째로는 자료로 해석을 해보고, 두 번째로는 지금 있는 직원들의 내용과 저의 경험으로 얘기를 해보겠습니다.

일단 직원들이 원하는 것들을 알아야겠죠? 앞서 나왔지만 사업자로 신고된 사장님의 연령이 다른 업종에 비해 낮은 편이고, 직원의 경우에는 조금 더 낮다[74]는 것은 유추할 수 있습니다.

젊은 세대들의 이상적인 직장을 일단 자료로 미루어본다면, 연봉이 높고, 원하는 일을 하고, 복지(특히, 휴무)가 넉넉하고, 몇 년을 일하면 연봉이나 직급이 오르고, 더 좋은 직장을 갈 수 있

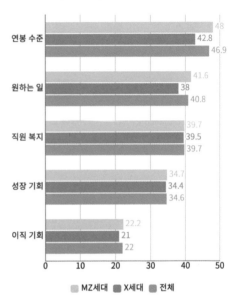

**직장 선택 기준 1위는 '연봉 수준'**[75]
※ 성인남녀 1,288명 조사 / 자료제공 : 잡코리아·알바몬 / 단위 : %

| | MZ세대 | X세대 | 전체 |
|---|---|---|---|
| 연봉 수준 | 48 | 42.8 | 46.9 |
| 원하는 일 | 41.6 | 38 | 40.8 |
| 직원 복지 | 39.7 | 39.5 | 39.7 |
| 성장 기회 | 34.7 | 34.4 | 34.6 |
| 이직 기회 | 22.2 | 21 | 22 |

는 곳일 것 같아요. '그런 직장이 어디 있겠어요?'라고 한다면, 발전하기는 어려울 것 같습니다.

최대한 좋은 조건을 만들어서 직원을 고용하고, 매출을 높이고, 수익을 높여야 하지만, 지금의 현실은 그렇게 이상적이기는 어렵습니다. 논문에 따르면 매출 규모 1,000만 원 정도가 약 60%, 순이익 규모 200만~400만 원이 거의 70%에 가까웠기 때문에 직원에게 높은 연봉을 보장해주기는 쉽지 않습니다.[76]

그렇다면 직원복지와 성장 기회에서는 강점이 있느냐? 그건 만들 수 있습니다. 일단 당장 헤어 시스템을 생각하신다면, 젊은 분

들이 최저임금을 받으면서 고된 스태프 생활을 하고 있습니다.

**그건 비전에 대한 투자입니다.** 그냥 노동의 강도와 연봉 경쟁으로 가면 편의점 알바에 비해 경쟁력을 가지기 어렵습니다. 저는 회사의 입장에서도 직원에게 비전을 줄 수 있는 매장이 직원들에게 더 어필이 될 거라고 생각합니다.

지표와 경험을 조금 섞어서 에스테틱 업계에만 한정한다면 그래도 2세대 정도까지는 일을 중시했던 것 같아요. 본인의 시간과 일을 하는 시간이 있다면 일을 프로의식을 가지고 했던 것 같아요.

그렇다면 요즘 직원들은 프로의식이 없고 일도 등한시할까요? 그러니까 요즘 직원들에게 쉬운 일만 시키고, 어차피 나갈 거니까 교육도 대충 해도 좋을까요? 이런 편협하고 잘못된 이해로는 그 매장의 관계가 유지될 수 없다고 생각해요. 저는 요즘 세대가 돈보다는 본인의 삶을 더 중시하는 것 같아요. 성취욕, 만족감에 대한 열망이 크다고 생각해요.

그렇게 생각이 변했다면 매장도 그에 맞게 전체적인 룰이 변화해야 한다고 생각합니다.

직원이 원하는 환경을 조성해주려면 직원이 원하는 니즈를 파악하고 가능한 선에서 조율이 돼야 한다고 생각해요. 그래야 믿음과 동기부여가 생기고 공생이 되고, 시너지가 극대화된다고 생각하고, 이것이 단순 고용주와 노동자의 관계를 넘어 전문가와의 협업이라고 생각합니다.

고객의 입장에서 봐도, 같은 패턴만 반복하는 단순 노동자보다는 그 분야의 열정을 가진 전문가에게 받는 게 좋고, 퀄리티가 오를 수밖에 없으니 더 많은 수익이 창출됩니다.

그렇다면 종합적으로 테라피스트는 어떤 니즈를 가지고 있고, 에스테틱에 종사하는 어린 친구들은 어떤 고민을 가지고 일을 하고 있을까요?

제 생각에는 20대 초반 처음에는 거의 다 열심히 해요. 처음이라서 그런 것 같아요. 그런데 처음이라 경험을 쌓는 단계이기도 하고, 여러 가지 이상과 현실의 괴리 등을 느끼면서 혼란을 겪거나 방황도 하는 시기 같습니다.

그러면서 정신을 다 잡고 경험을 쌓아 전문가가 되는 경우도 있지만, 자꾸 주위를 둘러보고 부러워하거나, 책임지지 않는 가벼운 말들에 흔들리는 경우도 많아요. 그래서 1년이 고비였어요. 퇴직금도 나오기 시작하니까 그때 맞춰서 많이 나가요. 경험을 하는 것은 좋을 수 있어요. 같은 업계를 돌면서 경험을 쌓는 것은 분명하게 추천해드릴 만한 일이에요.

좋은 매장과 안 좋은 매장을 모두 겪으면 엄청난 경험이 되죠. 하지만 첫 번째 매장을 끝으로 경력이 단절되는 경우도 있고, 다른 일을 하면서 경력이 2~3년 단절되는 것도 1년이 아까운데 고민만 한다고 느낄 때도 있어요.

제가 있던 회사 기준으로 매니저급은 정말 잘해도 4~5년 정도의 경력을 쌓아야 할 수 있었고 그런 실력자들도 드물었어요. 그런데 1~2년 이탈이나 방황하고 쉬고 온다면 동기들보다는 축적된 양이 적다 보니 차이가 생기고 심한 경우는 상대적 박탈감에 흥미를 잃을 수도 있어요.

미래에 대한 데이터가 부재하고 불확실성이 넘치는 사회에서 인생의 20~30년을 대비하고 나아가야 한다는 것은 매우 어려운 일입니다. 그래서 많은 관심과 현실적으로 그들이 믿고 움직일 수 있는 구조가 필요하다고 느꼈어요.

20대 중후반은 조금 그래도 경험이 쌓인 시기이기도 하고, 업무에서도 부족함은 없어요. 하지만 매너리즘이라는 것이 있어요. 성취감을 주지 못하는 일은 단순 노동이 되기 때문에 어느 정도 지나면 쉬려고 하고, 적당히 하는 경우도 생기죠. 요령이 생기니까요. 저는 이것 또한 개인의 문제로 치부할 것이 아니라 회사의 시스템으로 조정 가능한 부분이라고 생각해요.

30살 이후는 어떨까요? 다 보면 고민을 너무 많이 해요. 하지만 현실적으로 30대에는 매장 운영을 고민해야 한다고 생각해요. 개인의 테라피스트가 아니라 매장을 전체적으로 운영할 수 있는 레벨이 되어야 하죠. 그래서 다양한 경험과 더불어 전문가다운 전공 지식과 논리가 필요합니다.

이렇듯 각자가 필요한 것들이 다르고, 각자가 다른 생각을 가지고 매장을 다닙니다. 그래서 이런 많은 고민들을 어떻게 풀 수 있을지 생각하다 보니, 테라피스트분들의 고민과 니즈가 프라이드와 급여, 배려, 비전과 교육으로 함축되는 것 같습니다.

이것들을 파트별로 세분화해서 말씀드리려고 합니다. 이 파트에서 드리고 싶은 말은 직원의 니즈를 파악하고, 개인의 고민을 이해하고, 시스템을 만들어야 수익을 올릴 수 있다는 겁니다. 그냥 관리하기 힘들어서 직원을 뽑지 않으면 매출의 한계를 느낄 것이고, 장기적으로 퀄리티를 유지하는 것도 어렵기 때문입니다.

# 2. 테라피스트 시스템

## 프라이드와 급여

모두가 예상하는 것이지만 일단 급여는 중요한 부분입니다. 그래서 인센티브 제도는 필수적인 것 같습니다. 가장 강력한 동기부여가 될 수 있고, 특히 최근의 젊은 친구들과 맞는다고 생각합니다.

29일 사람인은 2030세대 1,865명에게 '직장 선택 기준'을 물은 결과, 이들이 생각하는 가장 중요한 조건은 '연봉'(33.8%)으로 조사됐다고 밝혔다. 다음으로는 '워라밸'(23.5%), '고용안정성'(13.1%), '직원복리후생'(10%), '커리어 성장 가능성'(8.7%) 등의 순이었다.

출처 : 매일경제, 사람인, 《"채우지도 못하는 정년 따윈 필요없다" 2030 절반… 직장 선택 기준은 연봉》)

늦게까지 일하는 것보다 본인이 만든 성과에서의 의미를 찾는 거죠. 그렇기 때문에 성과를 만들어주는 직원들에게 그만큼 돌려준다면 서로의 노동을 이해할 수 있고, 직원들끼리도 납득할 수 있습니다. 근속보다는 업무적인 효율을 보는 거죠.

진짜 일을 많이 하고 일에 몰두하는 사람이 많은 돈을 받아야지, 그저 나이와 경력이 많다고 많이 받으면 매장의 동력 자체가 떨어진다고 생각해요. 적게 일하고 많이 벌기 위해서는 그만큼 실력을 갖추어야 하니, 오히려 스스로 노력하는 것도 늘고요.

그리고 어떤 원장님을 만났는데 "내가 그래도 주위에 비해서 50만 원은 더 주는데 일을 안 하더라"라는 경우가 있었어요. 저는 이 경우를 보고 너무 한 가지만 보셨다고 생각했어요.

첫 번째로는 일단 최저임금만 받아도 주 40시간으로 월급이 1,822,480원입니다. 2022년에는 5% 올라서 190만 원이 넘고요. [77] 그렇다면 월등히 많은 월급을 주는 것이 아니라면 노동의 강도가 낮은 업무를 찾는 것이 더 효율적인 상황이 됩니다. 에스테틱 업계에서만 비교할 것이 아니라 여러 업종을 비교해야 월급으로 어필할 수 있는 것이 됩니다. 에스테틱 업계는 에스테틱 업계만의 어필 포인트를 가져야 하는 것이죠.

두 번째가 더 중요한 요인인데 직원은 돈 준다고 일하는 기계가 아닙니다. 돈만큼이나 중요한 부분을 놓치셨다고 생각했어요. 직원들은 월급 말고도 일에 대한 프라이드 역시 중요하게 생각해요. 업무에 대한 만족도와 일하는 곳에서의 만족도가 있겠죠. 이 부분은 조금 포괄적인 개념이니 이렇게 질문을 바꿔볼게요.

연봉을 떠나서 에스테틱 매장이 일하고 싶은 곳으로 만들어져 있는가? 근무지 혹은 근무 자체가 프라이드를 줄 수 있는 곳인가? 이처럼 젊은 친구들에게는 굉장히 근본적인 물음이 있으셨는지 궁금해요. 앞서 말씀드렸듯이 월급, 복지는 단연 1등 고려사항이었고, 그걸 앞서 말씀드렸듯이 압도적으로 어필할 수 있지 않다면 다른 방안이 필요합니다.

그래서 여기서는 사회적인 시선, 스스로 느끼는 만족감과 프라이드를 말씀드리고 싶은데요. 이것을 에스테틱으로 한정한다면 매장 위치, 크기, 인테리어, 평판, 매출 등의 요인이 될 수 있고, 저는 한 가지 더 중요하다고 보는 게 리더의 모습이라고 생각해요.

에스테틱은 사장님의 비율이 높은 편입니다. 즉, 직원들이 사장님을 목표로 일을 하거나 목표하지 않더라도 사장님이 될 가능성이 크다는 뜻입니다. 리더가 스스로 프라이드를 가지고 비전 있는 모습, 전문가다운 지식과 경험을 가진 모습을 보여준다면 직원들도 함께하고 싶을 겁니다. 이건 다음 파트에서도 연결되니 다시 설명해드릴게요.

젊은 세대들이 열심히 일하면 그만큼 받을 수 있는 공정한 구조는 기본이고, 일하고 싶은 매장으로서 준비되어 있어야 좋은 직원들과 일할 기회가 생긴다고 생각합니다.

## 배려

잡플래닛의 2020년 통계자료를 보면, 기업에 지원할 때의 고려 사항으로 **1위는 연봉, 2위가 복지, 3위가 소위 워라밸[78]이라고 불리는 업무와 삶의 균형, 4위가 사내문화였어요.**

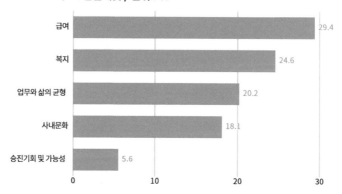

### Q1. 기업에 지원할 때 고려하는 것은?[79]

※ 남녀 취준생·직장인 1,085명 대상 조사 (중복 응답 포함)
자료 : 잡플래닛 / 단위 : %

|  |  |
|---|---|
| 급여 | 29.4 |
| 복지 | 24.6 |
| 업무와 삶의 균형 | 20.2 |
| 사내문화 | 18.1 |
| 승진기회 및 가능성 | 5.6 |

비용의 측면에서 본다면 1~3위는 공통분모가 있겠습니다만, 신기한 것은 4위였습니다. 사내문화가 좋다는 것은 돈 잘 주고, 야근 안 시키고, 배려해주는 기업을 의미하겠죠. 그래서 좋은 기업 문화, 배려 등을 어떻게 해줄 수 있을지 고민했습니다.

서적이나 직원들의 얘기를 들어보면 사실 특정하기 어려운 것들이고, 규정하기 어려운 것늘이죠. 공동적으로 나오는 얘기는 소통이라는 방법이었는데 저는 이렇게 규정해봤어요. 테라피스트, 원장, 실장의 업무적인 체계가 있는 상태에서 소통을 만들어야 합니다.

흔히 원장이나 실장님은 소통을 한다고 생각했는데 직원들은 회사의 입장에서만 한다고 생각할 수 있잖아요. 그 간격을 좁히거나, 나아가서 서로를 믿게 할 수 있는 것은 직원들이 뭐를 힘들어할지를 생각하는 것이고, 할 수 있는 것들을 같이 하는 것입니다. 두 가지 예를 들어보겠습니다.

어떤 매장은 점주가 매장에 잘 들르지도 않고, 수건 하나 개지 않고 시키고 검사만 해요. 다른 매장은 바닥 청소를 해도 점주가 직원들과 같은 도구로 같은 노동을 해요. 그러면 직원들이 누구의 얘기를 들어줄까요? 이건 너무 직관적으로 다 아실 거라고 생각해요.

꼰대 문화라는 게, 아무 이유도 없이 하거나 혹은 본인이 일하기 싫어서 시키려고 만든 문화라는 생각이 들었습니다. 직원들을 돈 주면 일하는 사람이라고 생각하시면 절대 할 수 없습니다. 생각에 따라서 행동이 나오잖아요. 이런 게 배려의 한 부분이 아닌가 생각합니다.

또 다른 사례를 보면, 최대한 개별성을 인정해주는 방법이 있다고 생각합니다. 근무지를 예를 들고 싶은데, 모든 매장이 직영 매장이다 보니 직원을 전부 제가 면접을 보고 배치합니다. 그런데 모든 걸 자신이 통제할 수 있다고 착각한다면, A매장에 인원이 부족하면 조금 인원이 괜찮은 B매장의 직원을 옮기려는 유혹이 생길 수 있어요.

저는 이런 것들은 직원들의 근무 의욕을 떨어뜨린다고 생각해요. 직급이 오르거나 임금이 오르거나 근무지가 집에서 가까워진 경우에도 직원의 동의가 있어야 가능한 부분이라고 생각합니다.

그리고 근무시간도 사례가 있었어요. 개인적인 사정으로 인해서 일을 그만둬야 한다고 했는데, 최소한의 알바 정도만 병행하면서 지낼 계획이라고 해서, 차라리 저희 매장에서 근무시간을 대폭 줄여서 생각한 알바 정도만 하라고 했어요.

경력 단절이 되는 것도 방지할 수 있고, 회사로서는 전문가 한 명이 빠져나가는 것을 막을 수 있으니까요. 형평성도 생각해야 했죠. 변심하는 모든 직원을 대우해줄 수는 없는 일이지만, 그 직원의 사정을 들어보면 공평한 대우라고 생각했어요. 이게 공동체 속에서 신뢰를 지키며 최대한 개별성을 지키는 것이라고 생각합니다.

그리고 또 다른 설문 조사를 인용할게요. 2018년 잡코리아에서 조사한, 취업하고 싶은 기업과 그렇게 생각한 이유로 남성은 1위가 연봉 수준이었는데 여성은 1위가 기업의 이미지, 기업 문화였습니다. 특히 에스테틱은 여성이 많은 업종이니 더욱 신경 써야 하며, 신뢰는 쌓기도 어렵지만 한번 사라지면 회복되지 않는다고 생각해서 급여처럼 중요하게 다뤄야 한다고 생각합니다.

직원이 어떤 고민이 있을지를 리더가 헤아리는 마음도 중요하지만, 직원이 그 고민을 말할 수 있는 분위기를 만드는 것이야말로 리더의 일이라고 생각합니다.

# 3. 비전과 교육

잡코리아와 알바몬이 함께한 2021년 설문을 다시 보면, 직장을 고려할 때 중시하는 부분 1위는 연봉이었고, 2위는 원하는 일, 3위는 복지, 4위가 성장 기회였습니다. 역시 1번과 3번을 비슷한 옵션이라고 본다면, 여기서 집중할 부분은 2위와 4위입니다.

여기서 2위, 원하는 일을 하고 싶다는 것은 당연한 얘기지만 시스템으로 가져온다면 이렇게 바꿀 수 있을 것 같아요. 신입들도 적극적으로 중요한 일을 할 수 있게 시스템이 갖춰져 있는지의 문제죠. 즉, 단순한 노동만 담당하는지 혹은 자신이 전문가로서의 효용성을 느낄 수 있는 일을 하는지의 차이겠죠.

저는 이게 4위인 성장 기회와 비슷한 니즈라고 생각합니다. 원하는 일을 열정적으로 하면서 전문가로서 성장하는 것이고 나아가 비즈니스적으로도 성공하는 것이죠.

저는 이걸 가장 중요한 부분이라고 생각해

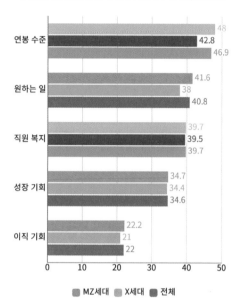

**직장 선택 기준 1위는 '연봉 수준'**

※ 성인남녀 1,288명 조사 / 자료제공 : 잡코리아·알바몬 / 단위는 %

연봉 수준: 48 / 42.8 / 46.9
원하는 일: 41.6 / 38 / 40.8
직원 복지: 39.7 / 39.5 / 39.7
성장 기회: 34.7 / 34.4 / 34.6
이직 기회: 22.2 / 21 / 22

■ MZ세대  ■ X세대  ■ 전체

요. 비전이라는 동기가 어떤 것보다 좋은 인재를 만들고, 좋은 매장을 만든다고 확신하고 실제로 그러고 있다고 믿고 있어요. 저는 이러한 것들을 만들기 위해서 크게 2가지 시스템을 제시하고 싶어요. 첫 번째로는 전문가로 성장할 수 있는 교육 시스템, 두 번째로는 본인이 준비되었다는 걸 증명한다면 사장(점주)이 될 수 있는 시스템입니다.

**이상적으로 말씀드린다면 직원이었던 사람만 사장(점주)이 될 수 있는 구조로 만들고 있어요.** 실제로 20대 초반에 초년생으로 봤던 직원들, 심지어 실습생으로 본 사람들이 지금 점주가 되어 있고, 실장이 되어 있어요. 이렇게 되니까 동기부여는 설명해드릴 필요 없이 강력해집니다.

그리고 동기부여에만 그치는 것이 아니라 자연스러운 경쟁 구도가 만들어져요. 좋은 선례가 바로 앞에 있고 그 과정과 결과가 공정하다고 느낀다면 회사에 애정이 생기고, 전체적으로 경쟁하면서 더 많은 책임감을 가진 전문가들이 생기고, 더 좋은 회사를 만들게 되죠. 그렇다고 성취를 강요하지는 않습니다.

경쟁을 원하지 않는 친구들은 원하는 만큼만 하면 된다고 생각하고 있어요. 경쟁심이 없는 사람에게 경쟁의 장점을 설명하면서 경쟁하라고 하는 것은 강요가 되고 오히려 소통에 문제가 생깁니다. 그러니 페널티는 절대 주면 안 되죠.

이렇게 좋은 시스템이 만들어지면 회의를 하면서도 양질의 대화가 나올 수 있어요. 본인의 노력을 보여줄 기회고, 본인이 발전할 기회고, 동료들의 장점을 배울 기회니까요. 이제 단순하게 돈을 받고 일하는 곳을 넘어, 기회라는 것을 느낄 수 있는 곳이 되는 거죠.

그래서 그냥 소통을 하라고 하면 의미가 없는 것 같아요. 저는 소통도 시스템이 중요하다고 생각해요. 말이 말로만 그치면 믿을 수가 없잖아요. 단 한 번의 선례라도 있어야 직원들이 믿고 좋은 회사를 같이 만들어 갈 수 있다고 믿습니다.


좋은 경쟁 시스템을 만들어 놓았다고 해결되는 것이 아니라, 직원들이 전문가로 잘 성장할 수 있게 교육을 설계하는 일도 중요하다고 생각합니다.

하지만 직원을 교육하기 전에 먼저 본인이 전문가가 되어야 합니다. 이것은 1인 매장이라고 해도 예외는 없습니다. 전문가는 이론 지식과 경험으로 쌓인 임상들이 더해져 숙련된 기술이 나오고 신뢰를 드릴 수 있어야 한다고 생각해요.

하지만 너무 지식에 치우쳐 있으면 이론에서 벗어나는 경우가 많은데 냉정히 봤을 때, 에스테틱 업계는 반대 성향이 강하다고 봅니다. 요즘 고객들은 유튜브 정도의 지식은 있고, 본인이 문제가 있어서 왔으면 그래도 인터넷에 검색해보고 어느 정도 인지하고 옵니다.

상담해주는 이가 이러한 일반인 수준의 보편적인 지식을 모르고 다른 이야기를 한다면 당장 회원이 떨어질 겁니다. 그래서 지식적인 부분의 보강은 필수입니다. 하지만 점주가 준비되지 않으면 직원을 리드할 수 없고, 그 매장의 수준은 다른 매장에 비해 낮아질 수밖에 없습니다.

**이제 다시 교육의 방식을 얘기해 보겠습니다.** 당연히 저희도 완벽하지는 않겠지만 일단 저희 에즈블랑은 매장 기준으로 한 달에 총회의 1회, 이론 회의 2회, 실기 교육 1회를 진행합니다. 이론 회의는 기본적으로 2~3시간 정도고요.

여기서의 포인트는 '교육을 어떻게 하느냐?'입니다. 저희는 본사 주도의 일방적인 교육을 진행하지 않고, 상호 발전할 수 있는 교육을 준비합니다. 말로만 들으면 현실감 없이 이상적일 수 있어요. 어떤 직원이 교육 콘텐츠를 준비해 오냐고 생각할 수 있죠.

하지만 합리적인 이유가 있기 때문에 직원들이 납득하고 함께하는 것 같아요. 일단 저희 이론 교육의 방식은 본인이 몰랐던 부분, 일하면서 문제가 생겼던 부분, 그리고 케어 중 나왔던 고객의 고민과 니즈를 함께 나눕니다.

그리고 그 해결책을 알아 오는 것이 이론 교육의 핵심이죠. 만약에 이번 달에 특히 고객의 어깨 통증에 대한 니즈가 많았다고 했을 때, 리포트를 가져오고 발표하는 것이죠. 그러면 본인이 리포트를 작성하며 배우는 것이 있고, 나누면서 공통분모와 잘못된 부분을 찾을 수 있습니다.

그리고 실기의 경우는 직원들이 이해할 수 있도록 단계별로 꾸준한 교육을 제공하고 있어요. 실기 교육도 방향성은 나왔던 문제들을 최대한 나누고 해결하는 것이죠. 그래서 원장(점주)들과 저 또한 이런 변화하는 교육을 놓치지 않기 위해서 노력해야 하고, 나아가서 시장에서 급변하고 새롭게 등장하고 있는 새로운 강의들을 항상 배우려고 하고 있습니다.

희소한 교육의 경우는 비용이 들 때도 있지만, 요즘은 인터넷이나 유튜브만 봐도 상당히 좋은 정보가 많습니다. 관심을 가지고 노력하시면 할 수 있습니다. 핑계의 문제라고 생각해요.

그리고 계속 말씀드리면, 총회의는 제가 참여하고 이번 달에 이뤄졌던 교육을 검토합니다. 한 달 동안 교육이 얼마나 진행되었는지, 무엇이 변했는지, 이전과 반응의 차이가 있는지, 다음 달에는 어떻게 개선하는 게 좋을지 많은 것들을 검토합니다. 또한 이런 교육뿐 아니라 많은 컴플레인 상황, 트렌드, 니즈 교환과 더불어 자연스럽게 직원들 간의 소통도 병행하면서 사소한 문제까지도 나누려 하고 있습니다.

저는 마지막으로 가장 중요한 교육은 매일 이뤄지는 매니저분들, 직원분들과의 차트 프리뷰라고 생각해요. 아침에 차트 프리뷰를 하면서 오늘 올 고객들의 상태를 체크하고, 그에 필요한 요소들을 생각하고 최대한 만족시킬 방안들을 생각하죠. 그렇게 하루하루 바로 적용될 수 있는 교육은 상당히 효과적입니다.

물론 이런 많은 회의와 교육 방식은 직원들이 느끼기에 할 일이 많다고 볼 수도 있습니다. 하지만 당장 본인의 실력이 늘어나고, 그로 인해 컴플레인이 줄어들고, 매장의 매출이 증진되고, 그것들이 다시 인센티브로 지급되는 구조이기 때문에 서로가 납득하고 지속될 수 있는 시스템이라고 생각합니다.


마지막으로 원장님들에게 당부해드리고 싶은 얘기가 있습니다. 좋은 시스템이 있어도, 낮은 포텐셜을 가진 직원들만 있으면 어떻게 될까요? 그래서 초기의 인사가 중요하다고 생각했어요. 사람을 최대한 잘 뽑아서 문제점들을 최소화하자는 일종의 예방이죠. 그럼 다음 질문은 에스테틱의 직원을 뽑을 때 가장 중요한 요소를 찾는 것이었습니다.

저는 인품이 가장 중요하다는 답을 내렸어요. 너무 당연하지만 왜 인품이 중요할까요? 매장 안에서 프로로서의 덕목으로 소통과 융합이 필요합니다. 이건 헤어 같은 뷰티업계, 넓게는 서비스업 업계가 마찬가지라고 생각해요. 매장의 직원 수가 다른 직장에 비해 적다고 해도 어떤 직업보다도 많이 협업해야 하고 분담도 해야 하고, 여러 가지 생기는 문제들을 함께해야 하는데 본인의 일만 하는 부류의 사람이 있어요.

평소에는 문제가 되지 않지만, 예상을 조금 벗어난 상황이 온다면 마찰이 생길 수 있습니다. 그리고 매장의 전체적인 능률을 본다고 했을 때는 이것은 상당히 문제가 될 수 있어요. 그래서 매장에는 팀플레이어가 필요하죠. 그런 사람의 자질을 인품이라고 보고요.

그런 인품은 행동, 말투, 표정을 보고 최대한 파악해야 하는 것이죠. 당연히 이것도 매우 중요한 실력입니다. 그래서 많은 회사들이 인사과에 아무나 배치하지는 않죠. 오히려 테라피 실력은 미팅에서 확인할 수 있기 때문에 인품을 보는 능력을 키우는 데 더 많은 노하우가 필요합니다.

마무리로는 이런 말씀을 드리고 싶습니다. 직원들 가운데 안 시키면 안 하는 직원이 있습니다. 알바를 많이 써보신 분들은 금방 이해하실 겁니다. 그런데 사실 그런 것도 직원이 나쁘거나 잘못한 게 아닌 경우가 많습니다. 각자 본인의 입장을 생각하면 그렇게 됩니다.

사장의 입장에서는 매장에서 할 일이 엄청 많습니다. 그런데 직원이 사장의 입장에서 일을 찾아서 한다? 그건 정말 어려워요. 심지어 직원들도 나름대로 대표 앞에서 하나라도 더 찾아서 하려고 하는데도 안 보이는 거예요.

저는 그 차이가 우리한테 익숙한 주인의식이라고 생각했어요. 제가 회사에 있었을 때도 주인의식을 가지고 일하라는 말을 정말 많이 들었거든요. 그런데 누가 주인의식을 가지고 하겠어요. 아니, 왜 월급 받고 일하는데 주인의식을 가지고 하겠어요?

그래서 거꾸로 '본인이 진짜 주인이 될 수 있다고 생각하면 주인의식이 생기지 않을까?'라고 생각해서, 아까 서술했던 직원만 사장이 될 수 있는 시스템을 구축했어요. 그러다 보니 좋은 인재가 선례가 되어 주었어요. 점주가 된 그 직원은 사장의 입장으로 매장을 보는 직원이었어요. 노력하는 사람은 보입니다. 당장의 보상이 따라온다고 한 건 아니에요. 그건 그 직원의 프로의식이었고 진부한 표현으로 주인의식이었던 거죠.

제가 이 얘기로 마무리하려는 이유는 그만큼 공감과 믿음을 줄 수 있는 시스템, 노력을 실리로 돌려줄 수 있는 시스템, 비전을 열어줄 수 있는 시스템이 얼마나 중요한지 강조하고 싶었기 때문입니다.

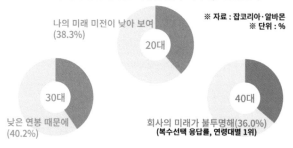

**직장인 회사를 떠나는 진짜 이유**

"불안해 보이는 나의 미래 때문"

1년 이내 퇴사 경험이 있는 직장인 및 구직자 1,535명 조사

나의 미래 미전이 낮아 보여
(38.3%)

20대

※ 자료 : 잡코리아·알바몬
※ 단위 : %

30대

낮은 연봉 때문에
(40.2%)

40대

회사의 미래가 불투명해(36.0%)
(복수선택 응답률, 연령대별 1위)

20대부터 40대까지 이직 사유를 조사[80]했는데, 20대 1위가 '나의 미래 비전이 낮아 보인다'였고, 30대 1위가 연봉 때문이었고, 40대 1위는 회사의 미래가 불투명해 보인다는 이유였습니다. 흥미로운 것은 20대의 4위가 '일은 못 배우고 잡무만 하는 것 같아서(20.3%)'였고, 30대의 2위가 '나의 미래 비전이 낮아 보인다(35.3%)'였습니다. 비전을 제시하는 에스테틱이라면 전문가들이 모일 수 있습니다.

**74)** 직원 연령 비율, 20대 비율 57.7%, 30대 31.6% (출처 : 김민영, 〈미용서비스업 종사자의 커뮤니케이션 능력과 감성지능이 심리적 소진에 미치는 영향 연구〉, 42쪽)

**75)** 잡코리아, 알바몬(http://www.recruittimes.co.kr/news/articleView.html?idxno=88105)

**76)** 숍의 직원은 원장 포함 1~2명 근무하는 숍이 72.8%로 나타나 직원 없이 원장 혼자 운영하고 있다. 월 평균 매출은 1,000만 원 미만이 59.6%로 특히 많이 나타나 소규모 에스테틱숍이 증가한 것으로 추정되며 월 평균 순수익은 200만~400만 원 미만이 69.2%로 나타나 다수 소규모 에스테틱 원장들이 생계를 위한 많은 창업비용을 투자했으나 매출액이 저조하여 영세성을 벗어나지 못하고 있음을 알 수 있다. (출처 : 박상화, 〈경영컨설팅 인식과 실태 및 샵 운영 애로사항 분석에 따른 소상공인정부지원제도 활용방안 연구 소규모 에스테틱 중심으로〉, 70~71쪽)

**77)** 2021. 8. 5. 고용노동부 장관이 2022년 적용 최저임금을 9,160원으로 고시하였습니다. (출처 : 최저임금 위원회)
고용노동부는 지난달 최저임금위원회가 결정한 2022년 최저임금을 시간당 9,160원으로 확정했다고 5일 고시했다. 여기엔 월 노동시간 209시간을 적용한 월급 환산액 1,914,440원(주휴수당 포함 · 주5일 8시간 근무 기준)도 병기됐다. (출처 : 한겨레, 〈내년 최저임금 9160원 확정…〉)

**78)** '일과 삶의 균형(Work-life balance)'이라는 표현은 1970년대 후반 영국에서 개인의 업무와 사생활 간의 균형을 묘사하는 단어로 처음 등장했다. 우리나라에서는 각 단어의 앞 글자를 딴 '워라밸'이 주로 사용된다. (출처 : 시사상식사전)

**79)** 출처 : 잡플래닛, 〈취준생 VS 직장인, 입사하고 싶은 기업은?〉 (https://www.jobplanet.co.kr/contents/news-497)

**80)** 20대 직장인 중에는 '나의 미래 비전이 낮아 보여서(38.3%)'라는 답변 다음으로, 회사의 미래가 불투명해 보인다(33.2%)거나 연봉인상이 되지 않아서(32.8%), 일은 못 배

우고 잡무만 하는 것 같아서(20.3%) 순으로 높았다. 또 '다른 하고 싶은 일이 있어서' 퇴사를 했다는 답변도 16.5%로 상대적으로 높았다. (출처 : 한경, 잡코리아, 알바몬)

AESTHETIC BRANDING

8장

# 매뉴얼

딱 정해져 있는 것들은 오히려 잘 지켜집니다.

주간 회의를 준비한다거나 테스트를 준비하는 일 말이죠.

하지만 의외로 매일 해야 하는 인사나

핀을 꽂는 등의 복장을 자주 놓칩니다.

매뉴얼은 서비스의 질을 향상시키고 균일한 서비스를 효율적으로 제공하기 위한 방식이고 규칙입니다. 이러한 것들이 쌓이고 쌓여 브랜드의 신뢰가 생깁니다. 분량이 많지 않은 매뉴얼 파트를 따로 쓰는 이유는 그만큼 매우 중요하다고 생각했기 때문입니다.

이번 장에서는 거시적인 관점에서 시작해서 그에 맞는 예시와 상황들을 현실적으로 다룰 것입니다. 그래서 고객 매뉴얼, 직원 매뉴얼, 대표 매뉴얼의 3가지로 분류했습니다. 무엇을 기준으로 나눈 것인지는 각 챕터를 시작하기에 앞서 서술했습니다. 컴플레인, 프로그램, 청소, 복장, 상담 등 세분화시키고 구체적인 예시 또한 제시했습니다.

특히 프랜차이즈 같은 규모의 매장을 위한 솔루션뿐만 아니라 1인숍으로 운영하시는 분들에게도 도움이 될 수 있도록 서술했습니다. 지극히 평범한 솔루션이 되지 않게 최대한 주지하실 부분만 추려서 서술했습니다.

# 1. 고객 매뉴얼

서비스업에서 가장 중요한 부분은 당연히 고객에게 적용되는 서비스입니다. 마찬가지로 에스테틱의 가장 중요한 부분은 당연히 테라피가 되겠습니다. 결과적으로 모든 매뉴얼은 고객의 서비스

증진과 효율의 극대화를 위한 것입니다. 매뉴얼을 분류하는 것이 난해할 수도 있지만, 고객 매뉴얼이라는 파트는 **고객에게 가장 직접적으로 발생하고 가장 중요하다고 보는 '문제 발생, 테라피, 상담' 이 3가지를 중심으로 서술했습니다.**

컴플레인이라는 단어를 선호하지는 않지만, 편의상 대중적 이해를 위해 사용하겠습니다. 우선 가장 빈번하게 일어나고 가장 어렵다고 생각하시는 컴플레인 2가지를 구체적으로 말씀드리고 싶습니다.

## 전반적인 컴플레인 예시

관리 및 서비스 자체에 불만을 나타내시는 경우가 있어요. 압이 만족스럽지 못할 수도 있고, 그날 테라피의 프로그램이 못마땅할 수도 있고, 테라피스트의 멘트·복장·청결 등등 많은 부분을 불쾌하게 느낄 수도 있습니다. '성의가 없어 보인다'와 같이 측정하기 어려운 컴플레인이 들어와 난감한 경우가 있어요. 그러면 어떻게 하는 게 좋을까요?

일단 고객을 믿어야 합니다. 그리고 대표하는 사람이 나와서 책임을 져야 하죠. 저희의 예를 들면 그날의 테라피는 회원권에서 차감하지 않았고, 매우 긴 시간 그 고객님의 말씀을 경청하고 체크해 두었으며, 시정될 수 있는 부분과 시정하기 어려운 부분을 말씀드리면서 양해를 구하며 확실히 개선될 것을 약속드렸습니다.

그리고 고객님이 귀가하신 후 저희는 있었던 문제들을 어떻게 해결할 수 있을지 더블 체크해야 합니다. 그건 회의에서도 공유되지만, 테라피스트 개인적으로도 방법을 강구해야 하죠. 그렇게 그에 맞는 솔루션이 생겨나고, 그런 것들이 모여 매뉴얼이 됩니다.

그리고 고객에게 그러한 사실을 전달함으로써 신뢰 관계를 유지할 수 있습니다. 저희가 하는 방식이 최선이라고 말씀드릴 수는 없지만, 제 생각에 최악의 방식은 한 가지 있습니다. 그건 발생한 문제들에 대해 책임자가 회피하는 태도입니다. 대표 매뉴얼 파트에서도 강조하겠지만 문제가 발생했을 경우, 대표는 반드시 책임지는 자세를 보여야 합니다. 회원과의 관계에서 가장 근본이 되는 것은 신뢰이기 때문입니다.

## 구체적인 컴플레인 예시

두 번째의 경우는 트러블이 나거나 근육통이 생기는 등 직접적인 문제가 발생한 경우인데요. 이런 경우도 당연히 책임지는 자세가 필요합니다. 치료가 필요한 경우에는 환불을 해주시고, 어떤 문제가 발생한 것인지 솔직하게 말씀드립니다. 물론 사전 상담에서 철저하게 체크하고 대비하기 때문에 이런 경우는 극히 드물지만, 진료 시 필요할 경우를 대비하여 사용했던 제품의 주요 성분들도 다시 말씀드려야 하고요.

이것도 저희가 하는 방식이 최선이라고 장담할 수는 없지만, 최악의 방식은 한 가지 있습니다. 환불이나 책임지는 게 무서워 고객 탓을 하는 경우입니다. 의사소통의 문제가 있을 수도 있지만, 저는 기본적으로 피해를 본 소비자 위주로 문제가 해결되어야 한다고 생각합니다.

앞서 두 가지 다 중요한 것은 책임입니다. 제가 전체적으로 운영했던 세레니끄 때부터 생각했던 것이지만 쉽지는 않았어요. 그래서 모두 직영점으로 관리되고 있는 지금의 매장은 최종 책임자인 제가 해결하려고 노력하고 있습니다.

## 상담과 차트

테라피를 가장 효과적이고 안전하게 실행하기 위해서는 사전 정보와 프로그램 설계가 매우 중요합니다. 고객과 상담하고 차트를 작성하면서 체크해야 하죠. 그래서 초기의 상담은 가장 경험이 많고 책임질 수 있는 매니저, 원장님이 맡으면서 담당 테라피스트와 함께 테라피를 설계합니다.

사실 가장 선행되어야 할 것은 지식입니다. 고객이 불만족을 느끼는 가장 큰 이유가 관리사의 전문성 부족입니다. 아무리 화려한 언변이 있어도 지식이 받쳐주지 못하면 고객은 쉽게 인지하며, 좋은 상담이 될 수 없습니다. 또한 상담은 테라피를 제외하고 가장 높은 재구매 결정요인입니다. 그래서 테라피 다음으로 많은 준비가 필요합니다.

> 피부관리실에 불만족을 느낀 적이 있는 여성은 54.9%로 불만족을 느낀 경험이 없는 여성보다 많았으며, 여성들이 불만족을 느낀 가장 큰 이유는 '관리사의 전문성이 부족해서'라는 대답이 가장 많았다. 여성들이 불만족을 느꼈을 때 표현을 한 여성은 46.4%로 표현하지 않은 여성보다 적었다.
> 출처 : 윤달, 〈여성들의 피부관리실 이용행태와 서비스 이용 만족도에 관한 연구〉, 90쪽

> 상대적 영향력은 전문성, 커뮤니케이션, 가격의 합리성, 판촉활동 순으로 나타났고, 피부관리실의 전문성, 커뮤니케이션, 가격의 합리성, 판촉활동이 높을수록 재방문의도는 높은 것으로 나타났다.
> 출처 : 김선영, 〈피부관리실의 관계마케팅 요인과 고객만족 및 재방문·추천의도와의 관계〉, 75쪽

차트의 내용은 기본적으로 상당히 디테일하게 서술하도록 되어 있어요. 근육부터 각질 상태까지 정말 상세해요. 그리고 다른 한편으로는 대화를 지속하는 동안 니즈를 계속 파악해가면서 프로그램을 설계하고 수정해나가는 것이죠.

이외에 강조하고 싶은 것은 고객의 과거와 현재의 상태, 테라피를 진행하면서 변화하는 상태입니다. 그리고 자주 놓치시는 것이 테라피 도중 고객의 멘트나 표정입니다. 직접 하셨던 말씀은 니즈가 될 테니 당연히 작성하셔야 하고, 간혹 아파도 제대로 말씀 못하는 분들이 계시니까 표정도 확인하면서 다음번 관리 전 말씀을 나누고 조율해야 합니다.

이런 부분들을 체크하고 개선하는 것들이 모여서 매뉴얼이 되는 겁니다. 거듭 강조하지만 많은 문제를 예방하고 테라피의 효율을 높이기 위해서는 상담과 차트 작성을 꼼꼼히 해주셔야 합니다.

## 테라피

에스테틱에서 가장 중요한 것은 테라피입니다. 그래서 테라피에 관련된 매뉴얼은 매우 타이트하고, 여러 단계로 이뤄져 있습니다. 크게 봤을 때 첫 번째는 프로그램의 전체적인 진행 방향을 정하는 것이고, 두 번째는 퀄리티 있는 테라피를 위해 프로그램 교육을 설계하고 체계화하는 겁니다.

관리는 통일성이 있어야 합니다. 에즈블랑에서 받는 테라피의 퀄리티와 구성, 가격은 어떤 에즈블랑 매장에서 받아도 유사합니다. 하지만 너무 강경하게 통일한다면 일대일 맞춤 관리에서 유연성을 상실할 수 있습니다.

매뉴얼을 만드는 이유는 고객만족도를 높이기 위해서입니다. 그러려면 큰 틀에서의 통일성을 갖추고, 고객 개인의 특성에 맞게 맞춤형 케어를 제공하는 것은 기본입니다. 그래서 담당 테라피스트는 고객의 상태를 체크하고 원장님과 차트 리뷰 및 회의를 거쳐 프로그램을 수정하는 절차가 있습니다. 여기서의 포인트는 본인의 편의를 위해 임의대로 프로그램에 변화를 주는 것을 주의하자는 겁니다. 이것은 1인숍에서도 적용될 수 있습니다.

1인숍에서 동일한 비용을 냈다면 동일한 서비스를 원칙으로 해야 합니다. 고객의 컴플레인 빈도나 고객의 나이, 본인의 편의에 따라서 서비스가 절차도 동의도 없이 달라진다면 문제가 될 수밖에 없습니다. 고객의 신뢰는 회복되기 매우 어렵기 때문에 가장 중요한 테라피에 있어서는 여지없는 기준을 제시해야 합니다.

두 번째로는 프로그램을 어떻게 교육하는지가 중요합니다. 교육은 실력에 따라 단계를 나눠서 진행되며, 공통적으로 할 수 있는 부분과 개별적으로 이뤄져야 할 부분을 분류해야 합니다.

이해와 실력이 다른 상태에서 같은 단계를 제시하는 것은 효율이 떨어지기 때문에 복습과 테스트의 빈도는 원장 회의를 통해서 결정됩니다. 많은 직원의 레벨을 상향평준화할 수 있도록 계속해서 원장님과 대표인 제가 개별적인 교육 프로그램들을 만들어내는 것이 참 어렵습니다. 하지만 가장 중요한 부분이기 때문에 가장 많은 에너지를 쓰고 있습니다.

세분화된 단계, 명확한 테스트와 피드백을 제공해주셔야 합니다. 회의도 그 연장선으로 중요한 룰입니다. 무엇을 준비해 오고 대화를 나누고, 이러한 것들도 시스템으로서, 룰로서 강조되어야 합니다. 브레인스토밍 정도의 대화가 아니라 생산적으로 프로의식과 책임감을 가지고 많은 데이터를 비교하며 고찰한 끝에 검증된 것들이 매뉴얼이 되는 섭니다.

**1인숍 매장에서도 지속적인 이론 교육과 실기 교육 그리고 테스트는 매우 중요합니다. 특히 1인숍의 경우는 본인이 사장이고, 같이 일하는 분이 없고, 많이 바쁘기도 하기 때문에 테스트하는 것이 매우 어렵습니다만, 그러나 해야만 합니다.** 주기적인 1인숍 모임이나 회사의 교육을 통해서라도 테스트와 피드백이 있어야 합니다. 그래야 퀄리티가 향상되고 고객들의 상향하는 니즈에도 맞출 수 있습니다.


# 2. 직원 매뉴얼


직원 매뉴얼은 가장 기본적이면서도 가장 광범위합니다. 키포인트는 기본과 체크가 되겠지만, 여러 가지 룰이 왜 생겨났고, 어떠한 시행착오들이 있었으며, 그것을 어떻게 극복하는지 솔루션들을 서술해보겠습니다.

## 1) 청소

가장 기본은 청결, 청소, 위생으로 생각합니다. 위생 의식은 코로나로 인해서 더 강화되었습니다.[81] 구체적인 체크리스트를 만들고, 매일 시행할 수 있는 것과 매주 시행할 수 있는 것들을 나눠서 매뉴얼화했습니다.

저희 직원들은 각자 룸을 맡아서 청소 및 정리를 하는 방식으로 체크리스트에는 구체적으로 왜건, 베드, 소구, 침구류, 본인이 해야 할 일들이 쓰여 있습니다. 당연히 하는 방식도 동일하게 적용되어 있으며, 다음날 매니저가 오전 회의 때 점검합니다. 체크는 동선부터 시작해서 육안으로만 확인하는 것이 아니라 누워보기까지 하고, 시각적인 요소는 물론 후각적인 요소까지 섬세하게 체크합니다.

가장 기본이라고 생각하고 자주 하는 것일수록 느슨해지기 쉽습니다. 그러다 어느 순간 놓치면 기본적인 요소가 사라지는 것이고, 신뢰를 잃습니다. 또한 프랜차이즈라면 어느 매장에 가도 동일한 서비스를 느껴야 하는데, 그러려면 인테리어, 배치, 냄새도 같아야 합니다. 그래서 모든 매장에 같은 제품을 쓰고 세탁 방식까지도 같습니다. 그만큼 일정한 태도가 매우 중요합니다. 여기는 이렇고 저기는 저렇다는 식의 불균형한 서비스로는 신뢰를 얻을 수 없습니다.

## 2) 복장과 인사

복장은 헤어를 단정하게 하고, 머리망과 핀으로 고정하며, 지정된 유니폼과 신발을 신습니다.[82] 인사는 '아름다움을 나누는 에즈블랑입니다'로, 이처럼 매뉴얼은 상당히 간단합니다. 하지만 이러한 것들이 제가 자주 지적하는 부분입니다.

딱 정해져 있는 것들은 오히려 잘 지켜집니다. 주간 회의를 준비한다거나 테스트를 준비하는 일 말이죠. 하지만 의외로 매일 해야 하는 인사나 핀을 꽂는 등의 복장을 자주 놓칩니다. 습관을 만드는 부분이라 더 어려운 부분인 것 같아요. 그래서 체크리스트를 만들어 매일 체크해야 합니다.

하지만 매일 하는 매뉴얼의 경우, 직원의 피로감도 높아질 수 있습니다. 너무 많은 부분들을 모두 컨트롤하려고 한다면 부작용도 생길 것이므로 소통하면서 조정하는 것이 좋습니다.

1인숍의 경우 체크할 사람이 본인밖에 없습니다. 그러므로 반드시 체크리스트를 만들어서 체크하는 것을 추천합니다. 이미지에도 상당히 많은 영향을 미치기 때문에[83] 혼자 하는 작은 매장이라는 핑계로 하나둘씩 룰을 줄이다 보면 전체적인 매장의 퀄리티가 떨어지고, 그것은 매출의 감소로 이어질 수밖에 없습니다.

## 3) 금지 단어

강조할 만큼 금지하는 것들이 사실 별로 없습니다. 그런데 '힘들다, 죽겠다, 관리하기 힘들다, 손님 많아서 힘들다'라는 말은 절대 하면 안 됩니다. 그런 표현이 본인의 태도와 에너지에 영향을 미치고, 고객도 느낄 수밖에 없는 요소이기 때문에 퀄리티의 문제가 되고, 전체적으로 안 좋은 문화가 형성됩니다.

어느 날 매장에 갔는데 '오늘 예약 많아, 내일도 많네'라는 얘기를 들었어요. 사실 고객이 많은 것은 매장으로서나 테라피스트로서나 좋은 일인데 그런 표현을 하는 것은 프로의식에도 악영향을 미칠 거라고 생각했습니다. 안 좋은 습관은 쉽게 인지되고 전파도 빠르기 때문에 미연에 방지해야겠다고 생각했습니다.

그렇게 안 좋은 얘기를 못하게 되니까 역으로 좋은 문화가 생긴 것 같아요. 이건 단순하게 몇 가지 단어를 못 쓰게 된 것이 결정적인 이유인지는 모르겠지만, 분명히 영향을 미쳤다고 생각합니다. 비관적인 단어가 줄어드니까 비관적인 분위기가 줄어들고, 이전에 비해 칭찬하고 격려하는 분위기가 형성된 것 같습니다.

이건 인위적으로 할 수 없는 부분이라고 생각해요. '1번 칭찬하기' 이런 것을 룰로 만들면 오히려 진심으로 하는 것이 아니기 때문에 역효과를 만들 수 있으니까요. 자연스럽게 생기는 문화와 금기해야 할 것들은 적절하게 구분하고 시행해야 합니다. 1인숍의 경우도 비관적인 단어와 태도를 보이는 매장을 좋아할 고객은 없기 때문에 반드시 주의해주시기 바랍니다.

### 4) 유연한 매뉴얼

매뉴얼은 반드시 지켜셔야 하기 때문에 왜 지켜아 하는지 이해하고 공감하는 것이 기본입니다. 공감과 이해가 달라진다면 변화할 수도 있어야 하죠. 한 가지 예시를 들면, 저희가 기존에 신던 신발이 체중이 실리면서 발목에 안 좋다는 얘기가 나왔습니다. 그래서 다른 제품을 건의 받았고 회의를 거쳐 전체적으로 매뉴얼을 바꿨습니다. 완벽한 매뉴얼은 없다는 생각으로 계속해서 생기는 문제를 받아들이고, 유연하게 절차를 거쳐 개선해야 합니다.

조금 더 유연하려면 다른 매장의 매뉴얼을 차용하는 방법도 있습니다. 예전에 프랜차이즈를 운영할 때도 그랬지만, 우리 브랜드만의 규칙이 완벽하다고 과신하지 않고 최대한 좋은 부분들을 차용하려고 했습니다. 그렇게 계속 좋은 부분을 흡수하다 보면 매뉴얼이라는 것이 일정한 규칙들로 수렴하는데요. 저는 그것들을 매장 운영의 기본이라고 생각하게 되었습니다.

그 기본이란, 정말 당연하다고 느껴지는 청결, 위생 같은 것들입니다. 호텔을 참고하여 매뉴얼과 체크리스트를 만들고 교육하며, 실행하고 연습하죠. 쉽고 당연하게 느껴지는 이러한 기본들이 정갈하게 모인 곳이어야 고급스러워집니다. 룰이 없는 곳은 가벼운 느낌입니다.

에스테틱으로 돌아온다면 유니폼을 입고, 머리를 단징하게 하고, 청소를 깔끔하게 해두고, 고객에게 인사를 잘하는 것 등이 기본입니다. 당연한 것들을 소홀히 하는 매장을 가보면, 기본의 힘을 느낄 수 있습니다.

## 5) 체계

세레니끄 때 최대 60개의 매장을 컨트롤했던 경험 중, 특히 매뉴얼을 지키지 않는 경우에 대해서 고찰해봤습니다. '매뉴얼은 높은 서비스를 만들고, 점주가 수익을 가져갈 수 있게 설계한 것인데 왜 지켜지지 않을까?'라는 생각이었습니다. 본사는 여러 매장의 정보를 가지고 있기 때문에 데이터의 양질에서 가맹점보다 뛰어납니다. 그래서 본사의 솔루션을 듣는 것이 합리적일 텐데도 말이죠.

저는 신뢰의 문제로 봤습니다. 애초에 현장에 맞지 않다고 판단해 받아들이지 않는 경우가 많았습니다. 하지만 이런 문제들도 서로가 신뢰를 가지고 협업했다면 대화하고 개선할 수 있었습니다.

좋은 문화와 좋은 체계도 당연히 신뢰를 기반으로 합니다. 대표의 말을 원장님이 믿고, 직원들도 원장을 믿고 실행하기 때문에 원만하게 이뤄지는 것이죠.

이러한 것들을 페널티를 통해 체계화하려는 것에는 비판적입니다. 페널티는 최대한 간접적으로 부과하고, 크게 봤을 때는 원장이나 대표의 잘못이라는 생각으로 단계에 맞게 해결방법을 강구합니다. 그런 태도를 통해 조금은 신뢰가 생기고 애정이 생기게 했던 것 같습니다.

최근에 좋은 문화가 생겼다고 느낀 것은 빨래에서였습니다. 빨래 시간 같은 것은 업무적으로 계속 공유되어야 가능하기 때문입니다. 이제는 주인의식을 가지고 일을 찾아서 하고 공유하는 단계라고 생각이 들었습니다.

이런 에너지 넘치는 분위기를 못 견디고 나가는 직원들도 있었어요. 적당히 하겠다는 마음으로는 있기 힘들다고 판단한 것일 텐데, 그런 분위기가 문화라는 생각이 듭니다. 나보다 일 안한다고 혼내고 조금이라도 더 일 시키려는 분위기였다면 애초에 모두가 불신하는 경우가 될 테니, 직급이 높을수록 더 책임감을 가지고 일해야 좋은 문화가 생기고 체계가 생기는 것 같습니다.


# 3. 대표 매뉴얼


성과를 내는 것이 대표로서의 책임입니다. 즉, 기획하고 실행하고 결과에 대해서 책임지는 겁니다. 그리고 대표는 고객 매뉴얼,

직원 매뉴얼을 최종적으로 만들거나 승인하는 사람입니다. 그래서 효율적이고 명확한 규칙을 만들고 **지속적으로 이행해야 직원들이 신뢰할 수 있습니다. 직원들이 신뢰한다면 능률도 달라집니다.** [84]

이전 파트에서도 기본, 본질, 마인드에 대한 부분들을 많이 말씀 드렸는데요. 저는 점주 혹은 사장이 매뉴얼을 어떻게 생각하고 지키는지도 중요하다고 생각합니다.

2010년 8월 무렵, 6개 매장뿐이었던 세레니끄의 총괄 부장으로 제가 임명되었습니다. 7년 반이 걸렸지만 2018년 1월에 매장 수 60개로 최고점을 찍었어요.

단순하게 투자를 받고 늘려나간 것이 아니었다는 사실을 강조하고 싶습니다. 경영이 불가능하다고 생각한 매장은 폐장도 하고, 경영권도 바뀌가면서 이뤄진 일이었기 때문에 산술적으로만 판단할 일들은 아니었던 것 같아요.

구체적으로는 30개부터는 넘어가기가 힘들었습니다. 본사 입장에서는 급속도로 많아진다면 균일한 서비스를 유지하기 어려워요. 당연히 가맹점, 본사, 직원들의 이해관계가 있고, 그 모든 것들을 조율하면서 동시에 유지, 확장하는 일들이 매우 어려웠습니다.

대신 그러한 일들을 거치면서 돈 주고도 살 수 없는 매장 운영 노하우를 얻었습니다. '프랜차이즈는 점주가 돈을 벌게 하는 구조가 되어야만 한다. 그래야 본사도 이득을 본다'라는 게 핵심이었습니다. 그래서 본사 중심이 아니라 점주 중심, 현장 중심의 시스템을 갖춰야 한다고 생각했어요. 그 생각을 구체화한 것들이 매뉴얼이 되겠죠.

물론 이러한 말들로 인해서 점주님들은 월권이나 참견이라고 생각하셨을 수도 있고, 오히려 별로 해준 것도 없다고 생각하셨을지도 모릅니다. 하지만 저는 매뉴얼이라는 것이 점주가 돈을 벌기 위한 시스템이라고 생각하기 때문에, 시간이 지나면서 조금씩의 차이는 생기겠지만 최대한 저 마인드는 잊지 않고 소임에 최선을 다했습니다.

그렇게 일하다 보니 기업의 아이덴티티, 검증된 성공 노하우를 균일하게 적용하려고 만든 매뉴얼을 가맹점에서 돈 주고 산다고 생각한다면, 매뉴얼은 매우 신중하게 접근해야 하며 지켜져야 의미가 있다는 생각이 더해졌습니다.

예를 들면 다른 제품을 임의로 사용하거나, 제품의 양을 아끼거나, 본인이 편한 프로그램을 바꾸는 경우가 있었습니다. 이건 브랜드 이미지에 악영향을 미칩니다. 지키게 하는 것, 지킬 수 있을 만한 매뉴얼을 만드는 것도 대표의 책임이 될 것입니다.

이러한 과정을 거친 지금은 최대한 현장에서 많은 부분들을 점검하고, 대표로서 책임지고 처리해야 할 일들을 회피하지 않고, 최대한 직접 상담하려고 하며, 직원들과 대화하고 빨래하고 수건도 개고 있습니다.

소통은 '내가 이렇게 생각하고 대하면 되겠지?' 혹은 '내가 사장이니까 이건 당연하겠지' 이런 것보다는 직원들의 일을 조금이라도 같이 하면서, 이해하려고 시도라도 해야 조금은 알아주고 믿어주는 것 같습니다. 그래야 직원들도 편하게 얘기하고 매장을 위해서 일하지 않을까요? 그래야 소통이 믿음으로 이어지고 좋은 문화가 생겨나지 않을까요?

마지막으로 이건 한 번 더 강조하고 마무리하겠습니다. 컴플레인이 일어났을 때 원장님에서 끝나지 않는 경우, 대표가 회피하지 말고 모든 권한을 써서 컴플레인을 처리해야 하고, 통화하고 싶다고 하면 직접 통화도 하고 대면도 해야 합니다. 책임지는 자리니까요. 그렇지 않고 회피하시면 그 고객을 잃는 것과 동시에 직원들의 신뢰까지 잃습니다.[85]

81) 코로나19로 인해 소비자의 뷰티 분야 카타르시스 소비에 관한 연구를 진행한 박현정, 남미우(2021)의 연구 결과에서도 위생에 대한 인식 강화 (출처 : 김인선, 〈코로나19 이후 여성의 뷰티관리 행동과 심리적 행복감의 관계〉, 53쪽)

82) Q. 첫인상을 좋게 보이는 비법은?
A. 첫째는 외모가 깔끔해야 한다. 또한 헤어스타일도 단정해야 한다. 표정은 모나리자 미소 정도가 좋다. 너무 웃어도 신중하지 않아 보인다. 남자들은 너무 웃으면 이상하고 긴장하지 않은 무덤덤한 미소가 좋다. 마지막으로 복장도 깔끔해야 한다. (출처 : jtbc, 〈'1~2초'면 결정…첫인상으로 상대 사로잡는 비법〉)

83) 이장성과 장현종(2010)의 연구를 살펴보면, 인적 서비스 품질의 5가지 요소 중에 환영하는 인사와 안내 그리고 빠른 체크인과 체크아웃, 종사자들의 예의바른 태도, 종사자들의 단정한 옷차림, 그들의 용모 등 유형성에 대한 것만이 서비스 가치에 영향을 주는 것으로 조사되었다. (출처 : 이승민, 〈에스테틱 서비스 제공자의 전문성, 매력성, 진정성이 이용의도에 미치는 영향과 경험적 가치의 매개효과〉, 49쪽)

84) 조직신뢰가 긍정심리자본에 유의미한 영향을 미치는 것을 알 수 있다. 이는 조직에 대한 신뢰도가 높을수록 어려운 업무가 있을 때에도 좌절하지 않고 극복하려는 의지가 강하다는 것을 알 수 있으며 조직에 대한 신뢰도가 높을수록 직무에 대한 자신감을 발휘하여 긍정심리자본의 정도를 높일 수 있다. (출처 : 신영원, 〈직장인의 조직신뢰가 직무만족에 미치는 영향 : 긍정심리자본의 매개효과를 중심으로〉, 59쪽)

85) 각 개인의 능력보다는 도덕성과 성실성이 신뢰에 영향을 미치는 것으로 나타났다. 직장인이 부모나 자녀, 배우자, 직장동료, 공무원에 대해 개인적인 능력을 신뢰하기보다, 그 사람의 정직성이나 성실함과 같은 도덕성을 강조하고 있는 것으로 밝혀졌다. (출처 : 박영자, 〈직장인의 신뢰와 불신 의식 : 토착 심리적 접근〉, 139쪽)

# AESTHETIC BRANDING

9장
# 빅데이터

지금은 SNS나 유튜브 같은 플랫폼의 발달로
정보가 쉽게 공유되고 있고, 시각적인 요소가 중요해지고 있습니다.
이제는 검증은 기본이라고 보셔야 하고,
계속해서 니즈를 파악하려고 하셔야 합니다.

마지막 장은 제목 그대로 빅데이터를 구체적으로 세분화했습니다. 너무 특별하게 생각할 것 없습니다. 경영에 도움이 되도록 효율적인 시스템과 단계를 갖추는 것이 중요합니다.

'예상과 대비 – 데이터 수집 – 진단 – 해결(비용 투자)'[86]로 구성했습니다. **고객의 경로부터 니즈들을 취합해서 대비하고, 추후 생기는 문제와 해결법을 구체적으로 서술했습니다.** 기본적으로 정보를 수집하고 그에 상응하는 방법을 가지고 해결하는 방식입니다.

혼동될 수 있는 2가지는 구분해서 한 가지를 미리 말씀드리면, 그것은 피부 지식에 대한 정보입니다. 가장 기본이라고 할 수 있는 확실한 진단과 프로그램 설계, 테라피, 전체적인 피지컬 관리 솔루션은 지속적인 이론 교육과 실기 교육을 통해 이뤄지는 것이고, 이건 고객 요청이나 빅데이터와는 무관하게 프로로서 기본적으로 갖춰야 할 지식입니다.

후술될 내용은 고객으로부터 유입되는 정보입니다. 고객이 가지고 있는 니즈이면서 동시에 변화하는 니즈를 취합하고 문제를 해결하기 위한 목적의 정보입니다. 이건 고객에게 관심을 기울이고 성실하게 데이터를 모아야만 가능합니다.

마지막 장이기도 하고, 고객의 입장에서 시작해 서술하는 내용이므로 일정 부분은 중복 서술됨을 미리 밝혀둡니다.

# 1. 고객 유입 경로

첫 번째로는 저희 에즈블랑의 예시를 들겠습니다. 고객님들이 에즈블랑을 어떻게 처음 인지하셨을까요? 두 번째는 오기까지의 과정이죠. 어떻게 생각하고 오시는 걸까요? 세 번째는 한 번 정도의 관리나 상담을 받고 왜 티켓팅을 하셨을까요? 안하셨다면 왜 안하셨을까요?

① SNS(접근) [87]

② 첫 방문(공간과 사람 – 인테리어, 유니폼)

③ 케어(테크닉-촉각·청각·후각, 룸의 청결, 멘트)

④ 케어 후 셀프 서비스(효과, 사진촬영)

⑤ 상담(전문성, 신뢰, 가격 대비 효과-재티켓팅)

첫 번째로 고객님이 에즈블랑을 인지하시게 되는 건 SNS가 압도적으로 많으실 거고, 오프라인 쇼핑 중에 지나다니시는 경우, 또 지인의 소개로 오시는 분들도 많죠. 그분들도 SNS를 보고 검증하고 오실 가능성이 높습니다. (온라인 첫인상) 소개로 오신 분들이 이미 일정한 신뢰를 가지고 들어오시겠지만, **우선은 SNS로 장점들과 세부 사항들을 충분히 설명해드릴 수 있어야 합니다.**

**두 번째는 (오프라인) 첫인상이겠죠.** 감정이고 감각이잖아요. 그게 가치이며 가격으로 책정됩니다. 그 이미지를 가지고 우리의 틀을 만드는 거죠. 호텔의 넓고 높은 로비를 생각해주시면 편할 것 같아요. 고객이 비싸다고 말 못할 정도로 호텔에서 압도적으로 첫인상을 주는 거잖아요. 당연한 거지만 인테리어뿐만 아니라 맞이하는 사람의 복장과 인상, 청결 상태도 첫인상에 큰 영향을 미칩니다.

**세 번째는 케어 받는 공간**에서부터 시작합니다. 자신의 신체를 탈의하고 느끼는 곳이기 때문에 예민하게 반응해주셔야 합니다. 룸에 들어가면 고객은 바로 도구나 이불의 청결부터 확인하시고 테크닉으로 넘어가는 겁니다. 구김, 눅눅함, 냄새 같은 청결은 기본이고 중요합니다.

그리고 눈을 감고 이제 느끼는 촉각, 관리 중 나오는 음악으로 청각, 아로마나 방에서 나오는 냄새로 후각, 도중에 나오는 멘트 등 가장 중요한 케어의 퀄리티를 만들어주시는 거예요. 저는 고객님이 주무시는지 체크하라고 테라피스트분들께 자주 주문합니다.

고객님이 못 주무시는 경우가 촉각, 청각, 후각 3각 중 불편한 경우가 많거든요. 고객님들께서는 이런 것들을 지적해주시는 게 예의가 아니라고 생각하시는지, 많은 분들은 지적해주시지 않습니다. 그러므로 최소한 마음 놓고 편하게 쉬고 계신지 알 수 있는 수면 상태를 체크해야 합니다.

케어를 담당하는 테라피스트는 고객 컨디션을 헤아리고, 고객을 아이 다루듯, 소중한 유리볼을 다루듯 신중하고 정성스럽게 케어

해야 고객의 만족감이 올라갑니다. 단순히 기계적인 케어는 고객님께서도 심리적으로 느껴질 수밖에 없어요.

케어의 속도와 템포를 때로는 부드럽게, 때로는 강하게 오케스트라 연주하듯이 조절해야 합니다. 경직된 부분에는 강도를 넣어주다가도 빼주며, 편안한 터치감을 유지하여 고객에게 힐링을 만들어드려야 하죠. 테크닉의 속도와 텐션도 중요합니다. 진심과 정성을 담지 않으면 고객은 편안함을 느끼지 못합니다. 여기서 테라피스트와 고객의 공감이 가장 중요합니다.

**네 번째로는 케어 후 셀프 서비스입니다.** 간단하게는 고객이 스스로 느끼는 시간입니다. 케어 후 파우더 룸에서 효과도 확인하고, 예쁜 사진도 찍는 시간이며, 느낌도 다시 생각해보면서 잘 쉬었다, 편안했다 등등 스스로 만족하는 시간을 충분히 드려야 합니다.

혼자 체감하는 동안에 시설과 SNS에서 조사한 것을 바탕으로 고객 본인의 기준이 정립됩니다. 여기서 스스로 만든 그 기준을 바탕으로 재방문을 판단하는 것입니다. 상담에서 얘기만 잘 나눈다고 해결되는 것이 아닙니다. 상담하기 전에 이미 고객님은 판단을 끝낸 경우가 많습니다.

**다섯 번째로는 상담을 하는 시간입니다.** 거기서 고객은 가격과 시간뿐만 아니라 전문성과 신뢰까지 파악합니다. 그것이 포함된 가격 대비 효과가 만족스러우면 우리 매장의 회원이 되는 겁니다. 우리가 평소에 SNS에서 핫한 음식점을 찾아갔을 때 식감과 맛, 인테리어, 분위기, 양과 가격을 모두 고려해서 다시 갈지 말지를 판단하는 것과 마찬가지죠. 음식은 맛과 양이 중요하다면 에스테틱은 테크닉과 시간이 중요한 요소입니다.

에스테틱은 또한 피부 지식이 압도적이어야 합니다. 수많은 질문에 대해 뻔한 답이라도 준비되어야 합니다. 의사가 신뢰받는 이유는 10년이라는 시간 동안 전문의 자격을 인정받으셨기 때문이에요. 그런데 자격증 하나로 고객이 테라피스트에게 신뢰를 가질 수 있을까요? 고객에게 신뢰를 받기 위해서는 당연히 고객보다 정말 많은 공부와 경험이 필요합니다.

여기서 고객님의 기본적인 니즈를 파악하고 대비하는 것이 중요합니다. 이 정도는 기본이라는 것을 절대 간과하시면 안 됩니다. 본인이 편하신 것들만 하고 평계를 만들어내면 고객이 원하는 매장을 만들 수가 없습니다.

처음 유입되어 아직 회원이 되지 않은 상태에서의 단계를 예시로 삼아 부분별로 파악했습니다. 그렇다면 이제 데이터 수집과 데이터 진단, 데이터 활용으로 이어지면서 지속적인 발전을 도모해야 합니다.

# 2. 매출 분석

어떤 것을 데이터[88]라고 할 수 있을까요?

크게 봤을 때는 수치적인 매출과 연령의 비율, 유입 경로, 객단가 (+다른 매장과의 비교), 받으시는 프로그램 비율, 회원 전환 비율, 회원의 재티켓팅 비율 등등 많은 것들이 있습니다.

**필요한 모든 정보를 수집하고 사용하는 것은 당연히 불가능에 가깝습니다.** 그렇다면 현실적으로는 문제가 발생하는 원인을 해결하기 위해 정보를 수집하는 경우가 많습니다만, 이런 방식보다는 우선 기본적으로 알 수 있는 것들의 우선순위를 정해서 하나씩 해나갈 수도 있겠죠. 이건 상권 분석에서도 서술된 내용입니다.

가장 확인하기 쉬운 정보는 연령대입니다. 현대백화점 천호점 자료가 미흡하니, 저희 나머지 매장 3개만 예시로 비교해볼게요. 특징만 보세요.

## 고객 연령 비율의 의미

**매장 1.** 20~30대, 40~50대, 60대 이상의 비율이 5 : 4 : 1입니다.

**매장 2.** 30~40대가 50%가 넘습니다.

**매장 3.** 30대가 70% 이상으로 압도적으로 많습니다.

저희는 같은 브랜드를 가지고 있기 때문에 인테리어나 제품 등의 차이가 없다고 볼 수 있고, 그렇다는 것은 지역의 차이를 직접적으로 비교하기 좋다는 얘기가 됩니다. 매출이 엄청나게 차이난다면 유의미한 지표는 아니겠지만, 순이익의 비율 차이가 크지 않습니다.

여기서 알 수 있는 정보는 뭘까요? 이것도 상권 분석에서 드렸던 말씀입니다만, **고객은 거의 그 상권에서 유입됩니다.** 역세권과 주거 지역의 차이가 크고, 그 지역의 연령대 비율도 이와 유사해요. 이게 당연한 것 아니냐고 반문하실 수 있지만, 에스테틱을 즐기는 연령대가 특정하지 않다는 얘기가 됩니다.

예를 들면 지역과 무관하게 pc방 사업은 어리고 젊은 남성들이 차지하고 있죠. 에스테틱도 여성 중심적으로 소비되고 있지만, 그 연령대의 폭은 다양합니다. (참고로 남성의 비율은 20% 정도 되었습니다) 그렇다는 것은 본인이 서비스를 제공할 때 적절한 연령층이 있을 것이고, 일단 첫 번째 리스트업을 할 때 고려사항에 넣어야 하는 것이죠.

그리고 **연령대에서 얻을 수 있는 아이디어는 뭘까요? 시간대와 가격 선택의 차이가 큽니다.** 나이가 젊을수록 시간과 가격이 낮은 것을 선호하고, 연령대가 높아질수록 조금씩 늘어나죠. 이건 상담할 때도 사용할만한 정보입니다.

자료를 수집하는 것은 요소를 하나씩 채워나가는 것입니다. 하나의 방법만으로 매출이 30%씩 증가하는 비법은 없습니다. 큰 틀에서 소비자에 맞는 니즈를 충족시켜드리고, 고객 한 분 한 분을 이해하고 니즈를 맞춰가야 합니다.

두 번째, 여기서 알 수 있는 정보는 에즈블랑이 아주 특별한 특정 연령별 전략을 세우지 않았는데 왜 매출이 유지되느냐는 것입니다. 이건 냉정하게 판단해야 할 문제입니다. 우선 아직 에스테틱은 기본적인 니즈들만 채워져도 경쟁업체들을 이겨낼 정도로 수요 대비 시장 퀄리티가 낮다거나, 에스테틱은 특별히 연령대별 전략이 있을 수 없다는 2가지 정도의 가정을 세워봤습니다.

저는 전자라고 생각합니다. 1장에서 말씀드렸듯이 지금은 과도기에 있고, 브랜드라는 개념이 생기는 시기입니다. 이벤트적인 아이템보다도 전체적인 서비스의 질을 향상시키는 시기라고 보고 있습니다. **즉, 지금은 기본이라고 볼 수 있는 퀄리티만 향상시켜도 경쟁력이 생긴다는 결론에 도달할 수 있습니다.**

예를 들면, 하나의 브랜드에서도 핸드폰은 1년에 몇 번을 혁신되어 나옵니다. 유튜브의 경우 지난주 이슈를 빠르게는 다음날, 늦어도 다음 주에는 여러 크리에이터가 편집까지 마쳐서 업로드합니다. **소비자는 이처럼 빠르게 변화하고 진화하는 쪽으로 맞춰져 있는데, 우리가 그런 빠른 인식을 따라갈 수 있는지가 중요합니다. 따라갈 수 없다면 최소한 고객이 중요하다고 생각하는 포인트(전문성, 위생 등)를 놓치면 안 됩니다.**

다시 매출 분석으로 돌아옵시다. 매출이 '어떻게' 나오는지를 분석하는 것입니다. 올해 1월에 1,000만 원 했으니까 내년 1월에도 1,000만 원 할 수 있다는 단순 반복적 수치로 받아들이시면, 분석은 의미를 가지기 어렵습니다. 그런 것도 빅데이터의 일부지만 그것은 수만 개의 지표를 가지고 통계적으로 접근하는 것이고, 하나의 매장을 가지고 일반화하기 어렵습니다. 자신의 경험만을 과신하지 말고 항상 소비자를 주목해야 한다는 의미이기도 합니다.

분석은 내부의 자료가 있고, 외부에서 비교하면서 얻을 수 있는 자료가 있습니다. 두 가지를 접목해야겠죠. 예를 들면, 우리 매장의 연령대가 높다면 왜 높은지, 지역적인 요인인지, 프로그램·인테리어·마케팅 여러 요인을 분석해보라는 말씀입니다. 다른 매장들과 비교하면서요.

다른 매장이 더 20대·30대의 코드에 맞는 인테리어였을 수도 있고, 지역의 연령이 높은 편일 수도 있습니다. 전자는 경쟁자가 선점한 셈이고, 후자는 지역적 특징이 작용한 것이라 두 요인의 성격이 아주 상이합니다. 아무튼 그다음은 타깃팅을 하거나, 지금의 전략이 좋다면 오히려 강점을 강화해 높은 연령층의 니즈에 비용을 투입할 수도 있겠죠. **이렇게 윤곽을 잡자는 겁니다. 우리의 현실, 한계, 강점, 단점을 파악하고 비용을 투자하자는 겁니다.**

# 3. 문제점 파악과 비용 투자

트렌드를 읽어가면서 문제점을 파악하거나, 성적이라고 볼 수 있는 매출에서 문제점을 도출하여 파악하는 방법이 있습니다.

**분석 없이도 몇 년 전까지는 괜찮았어요.** 이건 2000년대 초반 매장 1개당 매출 비율을 찾아봐도 확인할 수 있죠. 당시에는 검증이 지금만큼 철저하지 않았던 시기라 그랬던 것 같아요. 지금은 SNS나 유튜브 같은 플랫폼의 발달로 정보가 쉽게 공유되고 있고, 시각적인 요소가 중요해지고 있습니다. 이제는 검증은 기본이라고 보셔야 하고, 계속해서 니즈를 파악하려고 하셔야 합니다.

저는 운이 좋게도 최대 60개의 매장을 운영할 기회가 있었기 때문에 아주 기본적인 브랜드 미스는 줄일 수 있지만, 트렌드는 변하는 것이라 계속 고민하고 있어요. 매장을 오픈할 때마다 디테일이 수정되고 있죠. 저희의 예를 들어보겠습니다.

첫 번째로 SNS나 유튜브를 어떻게 이용했는지 보면, 고객이 케어로 끝나는 것이 아니라 시각적으로 가져갈 수 있는 것들을 준비해야겠다는 생각이 들었어요. 컬러도 마찬가지고요.

인스타그램에 올릴 수 있도록 카페들이 재미 요소를 만들고 있잖아요. 그래서 저는 이런 것들을 고려해서 구체적으로 파우더 룸에 상당한 비용을 투자했습니다. 그리고 주조색을 강렬하고 따뜻한 색으로 선정했죠. 아름답게 보이고 사진도 찍을 수 있는 인테리어로 변모시켰어요.

두 번째는 이불입니다. 최근에도 많은 에스테틱은 편리한 대타올 같은 느낌의 이불을 사용하고 있는데, 팬데믹 상황 이후로 1회용 사용은 기본이 되고 있어요. 그래서 고가의 이불을 계속 바꿀 수는 없으니, 1회용 면시트를 사용하도록 했습니다.

세 번째는 저렴한 마사지용 침대 대신 고가의 전동 침대를 구입해서, 가장 중요한 케어 시간을 편안하게 보낼 수 있게 했습니다.


매출 분석을 통해 문제를 파악하는 방식도 있습니다.

매출을 주간, 월별, 분기별로 작성하고, 프로그램 비율을 보시면 모이는 방향이 있을 겁니다. 없다면 파이의 크기를 확인해야 합니다. 매출이 전체적으로 높은데 특정 방향이 없다는 것은 오히려 강점일 수 있습니다.

프로그램의 전체적인 퀄리티가 높거나 고객의 연령층이 넓다고 볼 수 있죠. 또한 매출이 높은데 한 곳으로 매출이 몰려있다면, 제품이나 프로그램을 업그레이드하기 좋은 방향성을 찾은 거죠. 혹은 다른 프로그램이 부족하다고 판단해 그 쪽을 업그레이드할 수도 있죠.

하지만 반대로 파이가 낮은데 모이는 프로그램이 없다는 것은 고객이 특징을 모르겠다거나, 그냥 매장이 인지가 안 되었거나, 상권 분석이 안 되었거나 등의 문제를 파악할 수 있는 것이죠. 계속해보면 1회성 고객이 많다는 것은 다른 매장에 비해서 비싸거나 케어의 퀄리티가 안 좋다는 의미죠. 그렇게 문제를 파악해야 합니다.

유의할 점은 지금 기본적인 퀄리티가 유지된다는 전제하에, 매출에서 문제를 파악한다는 것입니다. 퀄리티가 어느 정도는 있어야 한다는 것을 이 책의 처음부터 7장까지 줄곧 강조해왔습니다. **전체적인 퀄리티가 안 좋은 상태로 매출 분석을 하면 방향성이 나올 수가 없습니다.** 그리고 직접적인 문제를 수집하는 것들도 있지만, 이것들은 당연히 수정되어야 하는 것이기 때문에 넘어가겠습니다.

# 4. 마케팅

도발적으로 시작해보겠습니다. 에스테틱을 기존의 업체들처럼 홍보하고 브랜드를 만드는 것이 가능할까요? 인스타그램이나 유튜브를 운영하면 느끼겠지만 콘텐츠를 생산하는 일도 쉽지 않습니다. 그래서 블로그 업체를 자주 사용하죠. 효용성은 얼마나 될까요?

**저는 에스테틱 마케팅의 목표를 인지시키기 정도가 한계라고 생각합니다. 이 정도는 비용과 노동이 투자된다면 충분히 가능하죠. 일주일에 3~4시**

**간 정도요.** 매장 홍보물만 생산해서는 고객이 흥미를 갖지 않아요. 차라리 본인을, 인물을 마케팅하면서 신뢰와 친화성을 높이는 게 나아요. 거기에 은근한 제품 노출은 정말 비추천합니다.

그냥 '이 사람이 이런 일을 하는구나' 정도의 마케팅을 말씀드리는 것이죠. 거기에 정확한 정보를 공개해야 합니다. 20~30대의 경우는 SNS를 보고 유튜브나 홈페이지까지 꼼꼼히 확인하기 때문에 사이트에 정확하게 명시해야 합니다.

왜냐하면 인스타그램이나 오프라인에서 인지해서 홈페이지까지 들어왔다는 것은 회원이 될 가능성이 정말 크다는 것인데, 어떻게든 상담부터 하려고 교묘하게 가격을 숨기시면 요즘 고객들은 다 압니다. 그냥 공개하세요. 드릴 수 있는 것을 충분히 드리고 그만큼 비용을 받는 것이잖아요. 투명하게 하세요.

## 재구매 확률 높일 수 있는 방법

지표부터 먼저 얘기하면, 흥미롭게도 이러한 조사 결과가 있습니다.

'소셜커머스를 통해 에스테틱 쿠폰을 재구매하지 않겠다는 의견이 50.9%로 절반 이상이었으며, 그 이유는 가격이 낮은 만큼 관리의 질도 낮아서가 42.5%로 가장 높았다'[89]

가격이 저렴하거나 할인을 하면, 퀄리티가 낮다고 느껴서 회원이 되려고 하지 않는다는 것이 흥미롭습니다. 같은 논문에서 '소셜커머스를 통한 에스테틱 이용 실태에 대해 분석한 결과, 할인된 가격에 피부 관리를 받고 싶어서 소셜커머스 쿠폰을 구매하게 된 여성이 70.0%로 가장 많았다'로 나왔습니다.

두 가지 결론을 합쳐보면 저렴하게 구매하고 싶어서 소셜커머스를 이용했지만 저렴해서 퀄리티가 낮으니까 재구매는 안할 것이라는 얘기입니다. 거기에 더해 소셜커머스를 통한 에스테틱 관리사의 전문성 신뢰도에 대해서는 5점 만점 중 평균 3.15로 신뢰도가 높지 않았으며, 신뢰하지 않는 이유에 대해서는 '맞춤관리가 아닌 획일적인 피부관리로 진행이 되어서'라는 응답이 41.8%로 가장 많았습니다.

저렴해서 퀄리티도 낮은 것 같고, 할인 이벤트는 맞춤 관리가 아닌 것 같아 테라피스트를 신뢰하기 어려운 상황이라는 말씀입니다. 그렇다면 다시, 할인 이벤트가 효용성이 있을까요?

오프라인 또한 간과하시면 안 됩니다. 방금 연령대에 대한 자료가 이런 곳에서 필요합니다. 연령대가 높으신 분들은 인스타그램을 잘 안 보세요. 50대 이상 분들은 아파트 게시판, 광고물, 광고지, 전단지 같은 걸 보고 많이 오세요. 간과할 게 아닙니다. 지역이 연령대가 높다면 오히려 오프라인에 많이 투자하셔야 합니다.

저의 결론은 간단합니다. 다각화하되 과투자하지는 마세요. 매출의 5% 정도면 적당합니다. 마케팅보다는 상권 분석이 중요하고,

인테리어나 공간에서 오는 힘이 더 커요.90) 거기에 첫 이미지를 주고 케어의 맛과 실력을 보여줄 수 있습니다.

그리고 매장을 홍보하거나 인스타그램에 매장이 비치는 사진이 나올 때도 매장의 시설, 인테리어가 너무 중요해요. 그래서 완전히 선행되어야 하는 거죠. 그리고 제일 큰 마케팅은 역시 지인을 불러오게 하는 거예요. 소개 받아서요. 그만큼 퀄리티가 있어야 하는데 그것도 많은 부분은 인테리어나 시설에서 오죠.

제가 이런 것들을 어떻게 배웠느냐면 결국 다 상담하면서 물어보고 메모한 것들이 모인 겁니다. 마케팅할 때 주의하셔야 할 3가지만 말씀드리고 마무리하겠습니다.

① 처음 상담에서 어떻게 인지하셨는지 유입 경로를 물어보고 메모한다.

② 마케팅에서는 지역 연령대를 타깃팅하는 프로그램과 언어를 사용한다.

③ 특히 젊을수록 피부과에 가서 시술 받는 비율이 높기 때문에, 젊은 층이 많이 보는 온라인 광고일수록 에스테틱은 피부과와는 다른 방향성(힐링)을 제안한다.

# 5. 에스테틱 컨설팅

## 1) 원장님과의 대화

마지막으로 준비한 것은 실제로 있었던 원장님과의 대화입니다. 유튜브를 찾아보다 올라온 영상을 보셨고, 뭔가 도움이 될 것 같다는 확신이 들어 직접 매장에 전화를 주셨고, 간절함이 느껴져 저 또한 시간을 내어 2시간가량의 대화를 나누었습니다.

이 이야기를 넣은 이유는 제가 책을 쓸 때 '이러한 것들이 실제로 원장님들의 니즈구나' 하면서 초점을 맞춰 집필했기 때문입니다. 이걸 보시면서 지금까지의 방식들을 교차 점검하는 시간이 되면 좋겠습니다.

**Q** 왜 저를 찾아오셨나요?(필요한 것과 접근방법)

**A** 5~10년 정도 하면서 잘한다고 생각했는데, 사업적으로 발전이 없는 느낌입니다. 매장이 늘어나는 것도 아니고, 월급이 늘어난 것도 아니었기 때문에 고민이 많습니다. 나태하고 싶지는 않았기 때문에 지부를 가입하거나 화장품 회사의 교육을 들었는데, 지부는 사적 모임이 되고 화장품 회사는 영업만 된다고 느꼈습니다. 노하우가 공유되지 않는 것 같아서, 같은 업종의 사람에게 배우고 싶었습니다. '에즈블랑

은 왜 잘 될까? 다른 곳이 왜 더 안 될까?'와 같은 고민을 하면서, 실질적으로 경영을 하는 분들과 진정한 교감을 나누고 싶었습니다.

Q 매출이 왜 떨어졌다고 생각하세요?(문제점 파악)

A 고객들이 케어 상대를 원장인 저만 찾기 때문에 케어가 편중되고, 나머지가 직원들한테 가는 상황이 되면서 고객들의 만족도가 떨어집니다. 직원들의 퀄리티를 높일 수 있는 교육 시간을 만들기 어려우며, 직원들도 그런 상황에서 만족도가 떨어져서 계속 나가는 악순환인 것 같습니다.

Q 어디에서 근무하세요?(상권)

A 안양에서 10평 정도로 작게 시작했고, 몇 년 동안 많이 성장해서 40평으로 이전한 상태입니다. 직원은 저까지 포함해 4~5명이고요.

Q 마케팅 하시고 계신가요?(마케팅 유무와 비용)

A 효과가 지속되는지 모르겠어서 특별히 안했습니다.

Q 유니폼은 맞춰서 입으시나요?(인테리어 등 내부는 사진으로 확인했습니다)

A 특별한 유니폼은 없습니다.

Q 고객님들의 취향은 어떻고, 해당하는 프로그램을 누가 가장
잘하시나요? 다른 직원분들은 몇 년 정도 하셨고요?(니즈 파악)
A 바디 고객이 주류이고, 바디 케어는 제가 제일 잘합니다.
다른 직원들은 저와 5년 성도 함께했습니다.

Q 제품은 무엇을 쓰세요?(제품의 특성과 비용, 제가 원장님께 제품도 챙
겨오라고 했습니다)
A 바디 위주인데 차별화된 제품이 없는 것 같습니다. 인지
하고는 있지만 비교할 제품의 기준을 모르겠습니다.

Q 제품 판매는 하세요?(판매 유무)
A 케어에 집중했습니다. 고객님들이 싫어하시는 것 같아
제품 판매는 안 했습니다.

Q 프로그램과 가격은요?(프로그램의 구성과 비용, 지역의 가격 비교)
A 로드숍 기준으로 평균적인 가격대로 형성되어 있습니다.
기본 5만~6만 원 정도예요.

Q 직원들과의 관계는 어떠세요?(테라피스트의 동기)

A 자주 퇴사하는 것으로 보아 어느 정도 문제가 있는 것 같습니다.

## 2) 견해

가지고 오신 제품과 사진으로 저는 그 매장의 인테리어와 정확한 위치를 확인하고, 전체적인 얘기를 들으면서 대강의 장단점을 파악했어요. 그리고 제가 고객이라면 이 매장이 만족스러울지 생각해봤어요.

일단 위에 간추린 10개의 질문은 제가 제일 중요하다고 생각하는 거라서 원장님들도 체크해 보시면 좋을 것 같습니다. 이 질문들로 무엇을 알고 싶었던 걸까요?

당사자의 전체적인 문제점, 고객의 접근성, 인테리어 첫인상, 케어와 그 이후 서비스, 티켓팅의 합리성 등등 최대한 고객의 입장을 세분화해서 생각한 질문들이었어요. 당시에는 책을 집필하기 전이라 목차에 맞는 질문을 하나씩 대비시켜서 하지는 못했지만, 중요한 요소들은 체크했습니다. 하나씩 살펴보면, 본인의 니즈와 문제점을 보면 사실 어느 정도 답이 나와 있다고 생각해요.

첫 번째, 좋은 교육을 받고 싶고 훌륭한 원장님들의 노하우를 배우고 싶었지만 그게 쉽지 않았다는 것인데, 그건 어떻게 생각하면

특이한 제품보다는 기본에 충실해서 너무 당연한 말을 하고 있다고 생각하시고 간과하신 걸 수도 있습니다.

교육을 가면 '요즘 고객이 SNS를 많이 보니까 SNS를 하셔야 한다' 혹은 '코로나로 인해서 청결에 대한 니즈가 증대했으니 일회용품 쓰시고, 더 신경 쓰셔야 한다' 이런 얘기를 주로 하는데 전부 맞는 말이에요. 너무 뻔하고 나는 하고 있으니까 상관없다고 생각하시면 안 됩니다. 많이 듣는 만큼 모든 사람들이 원하는 것입니다.

두 번째, 케어가 너무 본인 위주라고 하셨는데 다른 매장에서도 많이 있는 일이에요. 같은 가격이라면 혹은 조금 더 비용을 지불하더라도 많은 고객들은 가장 높은 퀄리티를 가진 원장님께 받고 싶어 하잖아요. 그래서 상담만 해주시는 원장님들, 페이스와 바디를 분업해서 하는 원장님들 등의 방법을 사용하시기도 하는데, 저는 근본적으로는 다른 테라피스트분들을 빠르게 성장시키지 못한 것이 작용했다고 봐요.

여러 곳을 경험한 테라피스트분이 더 많은 교육을 듣고 더 잘할 수도 있어요. 하지만 그 매장의 테크닉에 있어서는 원장님들이 노하우를 직원들에게 가르치지 못한 거예요. 원장님이 케어에만 집중하다 보면 직원들 교육 퀄리티가 떨어지고, 직원들 또한 성취감을 느낄 수가 없어요. 당장의 10만 원보다 교육에 조금 더 중점을 두셔야 해요.

세 번째는 사진으로 인테리어를 보고 고객들의 접근성을 고려하면서 마음속으로 가격대를 정해봤어요. 인테리어와 가격은 비교해서 경쟁력이 있다고 느꼈는데, 유니폼이 없는 것은 아쉬웠어요. 그 정도만 보충하셔도 고객들의 신뢰를 높일 수 있습니다.[91]

네 번째는 마케팅은 하고 계시냐고 질문드렸는데요. 마케팅은 하면 좋아요. 이 매장으로 한정한다면 마케팅은 결국 비용과 효율의 문제이고, 그전에 케어에 더 많은 비용을 투자하셔야 해요. 고객님이 다시 안 오는 이유는 다른 매장에 비해 특별한 매력을 느끼지 못해서예요. 전체적인 마케팅은 이전 파트에서 자세히 말씀드렸으니 여기서는 생략하겠습니다.

다섯 번째로 유니폼을 여쭤봤던 이유는요. 호텔에 가면 넓은 로비와 깔끔한 정장을 입고 있는 직원분들이 매뉴얼에 따라 우리를 안내합니다. 거기에 압도되는 거죠. 거기서 그 직원이 몇 살이고, 얼마를 벌고, 무슨 대학교를 나왔고 그런 질문을 하지는 않죠. 인테리어와 유니폼 같이 전체적인 분위기에 이끌려가는 거잖아요. 여러분들도 품위 있는 테라피스트라는 걸 처음부터 알려주는 것이 유니폼이에요.

여섯 번째는 고객님의 취향이었어요. 다시 말하면 직접적인 니즈죠. 그것들은 본인이 그 분야에 특별한 재능이 있어서 소문이 날 수도 있지만, 그 지역 상권의 연령대에 많이 따라가요. 요컨대 그 지역에 맞게 프로그램, 제품, 테크닉을 만들어야 하는 겁니다.

너무 당연한 거죠? 하지만 적용하는 건 쉽지 않습니다. 많은 교육과 시장 조사가 필요합니다. 저도 그러고 있고요. 당연한 것들만 해도 경쟁력이 있다는 것은 이 책에서 계속 강조하고 있습니다. 중요한 건 그 당연한 것을 실행하는 것이죠.

일곱 번째는 제품을 체크했는데요. 너무 중요한 부분입니다. 재료잖아요. 방금 질문에서 바디에 특화되었다고 했는데, 제품을 모른다고 하시면 고객의 입장에서 어느 정도 신뢰할 수 있을까요? 차별화된 프로그램을 만들려면 당연히 특별한 제품을 사용해야 합니다. 예를 들면, 다양한 아로마 에센셜 로션을 준비해 고객에게 선택의 폭을 준다든지, 비싼 제품을 사용해서 고객에게 특별한 매력을 제공해야 합니다.

셰프는 최고라면서 재료를 등한시하는 것은 납득하기 어렵잖아요. 교육은 다양한 제품을 사용하고, 유튜브 보고, 회사들 교육에 가서 비교해보면 됩니다. 이게 어렵지는 않지만 힘들어요. 정말 많은 노력이 필요합니다. 비용을 고려하면서 알차게 제품을 구성해야 하기 때문이죠.

여덟 번째, 그래도 판매가 없는 부분은 좋았던 것 같아요. 고객과 소통하고 교감해서 심신을 힐링해드려야 하는데, 화장품 잘 나왔다고 은근히 사기를 바라면 고객은 부담스러울 수밖에 없어요. 사장님의 매출보다 고객의 입장에서 생각하면 편해요. 정말 고객이 구매하고 싶다고 제발 팔아달라고 하는 경우가 아니면 판매는 추천하지 않습니다.

아홉 번째, 구성과 비용이었어요. 너무 중요하죠. 고객은 똑똑하고 현명하기 때문에 다 비교히고 결정합니다. 기본도 준비되지 않고 높은 비용을 받으려고 하면, 한두 번은 될 수 있겠지만 지속할 수 없습니다.

본인 매장의 가격과 프로그램을 주위 매장과 비교해보세요. 비싼 곳이 있고, 저렴한 곳이 있어요. 그럼 그 이유가 있습니다. 그냥 양심과 욕심의 문제가 아니라 비싸도 고객이 모이는 곳은 고객이 찾아가는 것이고, 저렴해야 고객이 매력을 느끼는 매장은 저렴하게 할 수밖에 없는 겁니다.

마지막으로 직원들과의 관계를 여쭤봤는데요. 저는 이게 가장 중요하다고 봅니다. 결국 테라피스트분들과 함께 매출을 만들어가는 겁니다. **비용을 지불하고 일하고 집에만 가는 직원들은 당연히 열정을 가지기 어렵습니다. 그럼 자연스럽게 능률이 떨어질 수밖에 없죠.** 이건 직원들의 잘못일 수도 있겠지만, 그런 문화나 그런 대우를 하고 있는 본인을 먼저 바꾸셔야 전체적인 문화가 바뀝니다.

마지막으로 다시 말씀드리면, 사람과 사람이 교감하면서 케어하는 곳이기 때문에 직원들이 어떠한 마음을 가지고 케어하는지가 퀄리티의 핵심입니다. 그래서 **진심과 정성을 다할 수 있는 좋은 분위기, 그걸 형성하는 시스템이 정말 중요합니다.**

**86)** 데이터 생명주기가 DIA(Data, Insight, Action)로 변화되었다고 주장하였다. 즉, 데이터(Data)를 분석하여 통찰력(Insight)을 얻고, 통찰력을 프로세스에 내재화하여 조직이 바로 실행(Action)할 수 있다. (출처 : 박주석·김승현·류호철·이준기·이창호·이준용, 〈빅데이터 품질 확장을 위한 서비스 품질 연구〉, 《한국빅데이터학회지》 제2권 제2호, 2017, 87~93쪽)

**87)** 정보성에선 '인스타그램에서 에스테틱 관련한 다른 사람들의 적극적인 반응을 알 수 있다'가 정보성.804로 가장 높았다. (출처 : 김유진·한채정, 〈에스테틱 인스타그램의 이용동기가 서비스만족 및 추천의도에 미치는 영향〉, 《한국인체미용예술학회지》 제21권 제2호, 2020, 14쪽)
정확성을 높이기 위해서는 정확한 미용 관련 정보를 전달하는 것이 중요하며, 입증되지 않은 정보의 공유는 사용자의 신뢰를 잃을 수 있으니 유의해야 한다. 세미나 참석, 교육 수료, 관리 후기 등 미용의 관련된 트렌디한 정보들을 꾸준히 올린다면 큰 마케팅 비용을 들이지 않아도 매출상승 효과를 이끌어낼 수 있다. 정보에 대한 지속적인 업데이트를 통해 잠재고객에게 인지도를 높이는 과정 또한 중요하며, 인지도가 인식된 잠재고객은 숍에서 만족스러운 관리를 받는 순간 충성고객으로 바뀌게 된다. (출처 : 김유진·한채정, 위의 논문, 77~92쪽)

**88)** 최근에 가장 많이 얘기되는 데이터 분야는 빅데이터(Big Data), 오픈데이터(Open Data), 마이데이터(My Data)이다. 본 논문에서는 빅데이터, 오픈데이터, 마이데이터를 비교 분석하고, 디지털자원으로서 마이데이터의 역할과 효과를 제시하고자 한다. (출처 : 박주석, 〈빅데이터, 오픈데이터, 마이데이터의 비교 연구〉, 《한국빅데이터학회지》 제3권 제1호, 2018, 41~46쪽)
이와 같이 최근에는 빅데이터가 여러 종류로 세분화되고 있습니다만, 이 책에서 강조하고 싶은 점들은 우리가 할 수 있는 내에서 체계화와 데이터 사용 정도입니다. 너무 어렵게 생각하지 않으셨으면 좋겠습니다.

**89)** 김유경, 〈소셜커머스를 통한 에스테틱 이용 실태 및 만족도에 관한 연구〉, 79쪽

90) 고객과의 접점인 에스테틱숍의 공간디자인은 고객에게 치유에 대한 믿음과 신뢰를 전달할 수 있는 이미지가 무엇보다도 중요하다. 또한 브랜드 이미지를 긍정적으로 전달하여 브랜드 인지도 확보와 바이럴 마케팅(viral marketing)을 통해 고객을 확장하여 제품판매를 원활하게 하는 것이 가장 큰 목적이다. (출처 : 이주형, 〈브랜드 이미지 전달을 위한 코스메슈티컬 에스테틱 공간 디자인 개발〉, 《한국공간디자인학회논문집》 제13권 5호 53 통권 302호, 한국공간디자인학회)

91) 미적외양 및 태도상황의 행동의도에 대하여 감정반응의 간접효과($\beta=.087$, $p<.05$)가 통계적으로 유의하다. (출처 : 윤숙현, 〈에스테틱 샵 고객의 서비스스케이프와 미적노동 인식이 고객행동의도에 미치는 영향과 감정반응의 매개효과〉, 87쪽)

## 에필로그
# 평범한 혁신

### ● 다시, 개인 사업자로

결국 개인의 수익을 높이기 위한 책이었던 만큼, 약간은 불필요하다고 느낄 수 있는 개인적인 이야기는 이 책의 간결함을 위해 모두 뒤로 미뤘습니다. '왜 이 사람이, 특히 남성이 이 업계에 입문했을까?' 혹은 '전문성이나 정통성이 있는 사람인가?'에 대한 답변이 될 수도 있겠습니다.

그 전에 우선 글을 읽어 주신 독자분들께 먼저 감사드립니다. 최대한 편안하게 읽히고 쉽게 이해되도록 쓰려고 노력했습니다. 전공서적과 실용서적의 중간쯤을 지향했지만 너무 어려운 부분들이나 캐주얼한 부분들도 있을 것입니다.

결국 모든 것이 독자 중심이었습니다. 독자층을 에스테틱 입문자나 현재 종사하는 개인 사업자분들로 상정하고, 그분들의 수익 창출을 목적으로 집필했습니다. 글이 난해했다든지, 이해하기 어

256

려웠다면 제가 강조한 기본에서 멀어진 것입니다. 에스테틱의 기본 자세도 고객의 시각, 청각, 촉각, 그리고 그들의 생각을 중심으로 설계해야 하는 것처럼 말이죠.

'혁신'이라고 하면 스마트폰의 탄생과 같은 것들이 생각납니다. 그것도 맞지만 그전에 사고의 변화가 선행되어야 그 스마트폰이 생겨납니다. 잡스의 말처럼 당시의 iPod, 휴대폰, 인터넷을 합쳐서 iPhone이 만들어졌습니다. 지금은 그게 핸드폰의 기본이고, 지금 보면 하나의 기기에 2가지 기능을 더한 것뿐이지만 당시에는 모두 다른 시스템이었죠. '그것을 합친다니 단순하네요?'가 아닙니다. 1 + 1 + 1이 아니라 혁신입니다. 인간의 사고를 바꾼 사건이었으니까요.

단순 발전은 하나의 기술로도 가능하지만 혁신은 둘러싸고 있는 모든 것들에 대한 접근이 달라져야 한다고 생각합니다. 이 책이 당연한 말을 반복하는 것이었다고 들렸다면 그것은 에스테틱 기본에 대한 사고 교정이었다고 헤아려주시면 감사하겠습니다.


◐ 화장품 회사에서 에스테틱 업계로


제가 20대였던 시절, 코리아나 화장품 창업주이신 당시 유상옥 사장님께서 대학교 특강을 오셨습니다. 그때 와주셔서 55세에 코리아나 화장품을 창업해 화장품 업계 3위로 만든 신화를 얘기해주셨어요. 그때 저는 뷰티, 디자인, 패션에 관심을 가지고 있었는데, 남자도 화장품 사업이 가능하다고 생각하게 되었습니다.

그 나이 때 순수해서 그런 거겠지만 유상옥 사장님의 강의를 듣고, 그분의 가치관과 철학에 존경심이 생겨서 코리아나 화장품에 입사해야겠다고 생각했어요. 그 후 졸업과 동시에 실제로 코리아나 화장품에 지원하고, 지금 생각하면 천운이 따른 일인데, 특강에 와주셨던 유상옥 사장님께서 면접관이셨죠. 그리고 저는 호기롭게 말씀드렸어요.

"사장님께서 저를 기억하지 못하시겠지만, 강의 때 감동 받아서 지원했습니다. 화장품 회사에서 성공하고 싶습니다."

예전 일이라 사장님의 말씀은 잘 기억나지 않지만, 사장님께서 웃으셨던 기억은 생생합니다. 그리고 합격해서 코리아나 화장품에 입사하였습니다.


연구소에서 제품의 성분 분석 및 품질, 제형 관리 업무를 시작으로 연구소 업무를 8년 정도 했습니다. 거기서 다양한 화장품의 원료 및 효과, 피부 타입과 연령에 맞는 선택 방법, 피부 클레임에 대한 대응을 배웠습니다.

하지만 문제가 있었습니다. 본사에서 한 달에 한 번 마케팅팀, 미용연구팀 등등 모든 부서가 하는 회의에서 연구팀과 사업팀의 마인드는 전혀 다르다는 거였죠. 신제품 개발에 있어서 화장품의 좋은 품질만 제공하면 잘 팔린다고 생각했는데, 회사나 사업팀 입장에서는 이윤이 최우선이었고, 고객의 니즈에 맞게 2년 정도의 주기마다 신제품이 나오기를 원했습니다.

사실 하나의 신제품이 소비자에게 전달되려면 제형, 효능, 효과, 각종 임상테스트까지 고난도의 여러 과정이 필요하기 때문에 마찰이 생길 수밖에 없었어요. 게다가 매출이 떨어지면 서로 평계를 대기도 좋은 구조였죠. 제품을 잘 만들어라, 사업을 잘해라. 서로 책임을 전가하고 또 새로운 제품을 만들고, 그러던 중 그런 생각이 들었어요.

제품의 특징을 아는 사람이 팔면 어떨까? 농부가 쌀을 도시에서 팔면 어떨까? 구조만 이해한다면 최고의 상인이 될 거라고 믿었어요. 곧장 사업팀으로 업무 이동을 신청했죠.

사업팀이라는 게 매달, 매주 실적의 압박을 받아들이는 일인데 당연히 두려움이 있었죠. 하지만 8년차로 팀장의 제안도 있었고, 업무에 있어서는 항상 중심으로 가고 싶었던 것 같아요. 그리고 다짐한 건 엄청 단순하죠. 정신력을 가지고 2배 더 노력하면 사업팀에서도 성공할 수 있을 거라고 마음먹었어요.

그때 가만히 있었다면, 지금도 회의에 가고 새로운 제품을 만들고 있었겠죠. 안정적이었겠지만, 업무상 주도하고 싶은 열정이 더 컸기 때문에 잘한 선택이라고 생각하고 있어요.

그 사업팀이 여러분들도 아실 수 있는 세레니끄 에스테틱입니다. 쉽게 설명해드리자면 좋은 에스테틱과 좋은 화장품을 접목시키는 일이었죠. 아침 6시에 출근해서 밤 12시에 퇴근했어요. 열정에 가까운 일을 하니 재밌더라고요. 일이 업무라기보다 성취로 느껴졌고, 이상하게 좋았어요. 누가 시킨 것도 아니었고, 제가 스스로 한 거니까.

하지만 쌀을 잘 만든다고 잘 팔 수 있을 거라는 생각은 금방 깨졌어요. 좋은 화장품을 바르는 것만으로는 피부가 좋아지지 않는 거예요. 그래서 저도 겸손하게 에스테틱의 본질과 역할을 배우게 되었고, 포인트는 신진대사와 순환 촉진이라는 걸 깨달았어요.

당연하다며 대강 아는 것과 경험이나 지표를 통해 배우는 것은 엄청난 차이였죠. 저는 화장품을 만들던 사람이라서 당연히 화장품을 9할 정도로 봤으니까요.

그렇게 만드는 사람, 파는 사람, 관리하는 사람, 관리 받는 고객님들의 마음까지 알게 되니 전체적인 틀이 균형 있게 보이더라고요. 저의 피부를 예로 들면 여드름만 없었지, 붉고 탁한 피부에서 맑은 피부로 가는 건 순환이 부족했던 것인데 저는 화장품에 의존하려고 했었죠.

에너지 레벨이랄까요? 그런 걸 직접 느끼고 나니까 제 생각이 바뀌었어요. 제일 중요한 게 순환, 그다음이 화장품. 그런 이해도가 높아지고 틀을 가지고 균형감 있게 접근하다 보니, 7개의 매장이었던 세레니끄가 프랜차이즈를 본격적으로 시작하고 5년 만에 60개의 매장으로 늘어나고, 로드숍에서 롯데몰까지 입성했습니다.

## ● 한국의 에스테틱이라는 브랜드를 세우다

회사를 나오고 조금 더 완벽한 한국형 에스테틱 브랜드를 만들고 싶었어요.

가맹사업을 하다 보니 화장품만 파는 사람, 비즈니스로만 보는 사람을 자주 봤어요. 다양한 사람을 만나는 기회는 좋았지만, 저는 매장 숫자가 많아지는 만족감보다는 질적 향상을 더 원했죠. 에스테틱에 열정을 가진 전문가만 키우고 싶다는 생각이 들었어요.

그러던 중 어떤 한의학 박사님과 해외 비즈니스를 하면서 만났고, 제가 많은 가르침을 받았습니다. 인체의 기열, 순환, 유럽 에스테틱 등 장점들을 알게 되었고, 저는 이런 분과 새로운 도전을 해보고 싶었어요. 이런 열정 있는 분과 한국의 강점을 가진 에스테틱을 만들고 싶었거든요.

유럽을 필두로 가까운 중국이나 태국은 본인들 고유의 스타일을 갖추고 있는데 우리는 없으니까, 있으면 좋겠다는 엄청 단순한 발상이었죠. 그로 인해 사업팀으로 이동할 때처럼 용기를 갖고 코리아나 화장품에 사직서를 내고, 지금의 에즈블랑을 한의학 박사님과 함께 만들게 되었어요.

'건강, 아름다움, 행복'

에즈블랑의 철학은 고객들의 기본적인 니즈에 맞춰져 있어요. 기계화되고 물질화되는 현대사회에서 마음의 아픔을 이해하고 위로할 수 있는 공감과 공간이 필요하고, 에스테틱이 그 한 부분이 되면 상생할 수 있다고 생각했어요.

물론 그걸 구현하고 비용을 빌는 것은 쉽지 않았죠. 우리의 철학이 잘되고 있는지는 모르겠지만 2018년 8월, 스타시티몰에서 1호점을 시작한 에즈블랑이 2021년 1월, 현대백화점에 4호점까지 만들게 되었어요. 코로나로 인해 조금 늦춰졌지만 계속 발전하고 있는 것 같아서 감사하게 생각하고 있습니다.

하지만 아직도 일반인들이 인지할 정도로 한국을 대표하는 에스테틱 브랜드가 없고 개인적인 사업체로 경쟁하다 보니, 에스테틱의 기준이나 기본적인 퀄리티가 보장되지 못하고 있습니다.

우리의 가치를 만들기 위해서는 우리 스스로 공유하고 변해야 하며, 그래야 고부가가치 산업으로 변모할 수 있습니다. 그래서 저는 책이나 유튜브로 수익을 내려는 게 목적이 아니라, 초기에 생각했던 한국 에스테틱의 브랜드 가치를 함께 높이고 싶어서 책을 집필했고, 최대한 간결하게 노하우를 담아내려고 했습니다.

백종원님이 출연하는 방송에서 음식의 기본과 음식이 만들어지는 과정을 고객들도 보면서 음식에 대한 가치가 증대된다고 믿었습니다. 저도 그런 인물은 아니지만 한 분께라도 도움이 되기를 바랍니다.

에즈블랑이라는 새로운 도전을 함께해주신 원국동 한의학 박사님이자 회장님께 감사를 표하며, 저를 믿고 함께 시작해서 지점의 매니저까지 성장해준 직원분들, 지금의 에즈블랑에 도움을 주고 계신 직원분들께 감사드립니다. 기획부터 자료수집·교차 검증·검수에 도움을 준 김시홍 공저자, 기획을 전적으로 믿고 출판에 투자해주신 중앙경제평론사의 김용주 사장님과 임직원분들께도 감사드립니다.

마지막으로 아침에 나가서 밤늦게 들어오는 아빠를 이해하고 매일 전화해주는 딸, 아들 그리고 아내에게 감사하다고 전해주고 싶습니다.

## 출간에 부쳐

한의사인 내가 스파(SPA) 산업에 관심을 갖게 된 것은 대체의학
의 중요성을 알고부터다.

한의학에서 상공치미병(上工治未病)이라는 이론이 있다. 치미병
이란? 질병을 미연에 방지하는 예방치료를 말한다. 즉 병이 생기
기 전에 병을 예방하고, 병이 생기면 예상되는 병의 발전 경로를
미리 차단 치료해야 뛰어난 의사라는 뜻이다. 질병, 특히 암을 앓
게 되면 잘 낫지 않는다. 평소 투철한 건강관리와 조기검진 및 적
절한 치료가 무병장수의 왕도라 할 수 있겠다.

한의학은 또한 인체의 정기를 보호하기 위해 약물치료에 앞서
식이요법을, 침뜸치료에 앞서 안마 추나요법을 우선 권장했다. 약
물과 침뜸치료는 병을 치료하기도 하지만, 몸에 독소를 남길 수 있
고 정기 손상의 우려가 있기 때문이다. 이런 의미에서 스파 산업은
미병치료(未病治療)와 비침습요법의 한 좋은 모델이라 생각되어 언
젠가 스파 창업을 해볼 심산이었다.

그런 와중에 평소 알고 지낸 이 책의 저자 김진구 대표의 코리아

나 화장품 퇴사 소식을 접하자 바로 연락을 취해 한의학이론을 접
목한 스파를 공동창업하자고 제안했다. 김진구 대표는 흔쾌히 제
안을 받아들였다. 준비기간을 거쳐 함께 에즈블랑(As Blanc)이라는
상표를 만들고 1호점을 건대 롯데백화점에 내었다.

As Blanc의 뜻은 알프스 산을 연상시키는 태초, 순백, 경외, 치유
를 의미하며 에즈블랑의 콘셉트를 미용뿐 아니라 건강과 힐링을
아우르는 트리트먼트 스파로 설정했다. 기존 스파 프로그램에 한
의학 이론을 도입하여 경락의 주행 방향과 혈점을 따른 마사지와
좋은 기운(正氣)을 증강시키고 나쁜 기운(邪氣)을 배출해내는 보사
수기법(補瀉手技法)을 응용한 트리트먼트 스파 프로그램을 개발하
여 차별성을 두었다.

결과는 놀라웠다. 재방문 고객이 계속 늘어나고 2호, 3호, 4호점
을 롯데몰, 신세계스타필드몰, 현대백화점에 연이어 오픈했다. 창
업 초기부터 교육을 통한 서비스 품질 향상을 에즈블랑의 최우선
과제로 두었기에 가능했던 성과였다. 에즈블랑은 지금도 매주 테
라피스트에게 다양한 교육 프로그램을 실시하여 고객의 만족도를
부단히 높여 나가고 있다.

사회가 날로 복잡해지고 선진국으로 다가갈수록, 스트레스가 증
가하고 스트레스 관리 산업도 덩달아 발전하는 것이 추세라 한다.
현대인이라면 누구나 두통, 어깨결림, 요통, 신경통, 안구건조증,
불안, 초조, 우울, 불면증 등에 시달리기 쉽다. 의학적 치료도 중요

하지만 정기적으로 스파에 다녀 딥티슈 경혈 마사지, 향기요법, 허브치료 등 대체요법으로 휴식과 힐링을 체득하는 것이 질병 예방과 삶의 질 향상에 많은 도움이 된다고 사료된다.

이제 에즈블랑은 국내를 넘어 해외 진출을 준비하고 있다. 한류로 무장한 K-스파로 중국, 동남아 등지에 진출하여 또 하나의 한류 바람을 일으킬 생각이다.

끝으로 고객, 직원, 회사 모두가 윈윈하는 에즈블랑의 가치가 실현될 수 있도록 모든 임직원이 최선을 다하기를 희망한다.

**원국동** 에즈블랑 공동창업자, 한의학박사

# 부록. 미용사(피부) 출제 기준 – 필기

| 직무<br>분야 | 이용·숙박·여행·<br>오락·스포츠 | 중직무<br>분야 | 이용·미용 | 자격<br>종목 | 미용사(피부) | 적용<br>기간 | 2022.1.1.~2026.12.31. |
|---|---|---|---|---|---|---|---|

○ 직무내용 : 고객의 상담과 피부분석을 통해 위생적인 환경에서 얼굴, 신체부위별 피부를 피부미용기기 및 기구와 화장품을 이용하여 피부미용관리를 하는 직무이다.

| 필기검정방법 | 객관식 | 문제수 | 60 | 시험시간 | 1시간 |
|---|---|---|---|---|---|

| 필기과목명 | 문제수 | 주요항목 | 세부항목 | 세세항목 |
|---|---|---|---|---|
| 해부생리,<br>미용기기·<br>기구 및<br>피부<br>미용관리 | 60 | 1. 피부미용<br>위생관리 | 1. 피부미용 이해<br>2. 피부미용 작업장 위생<br>관리<br>3. 피부미용 비품 위생관리<br>4. 직원위생관리<br>5. 피부의 이해 | 1. 피부미용의 개념과 역사<br>1. 작업장 위생 관리<br><br>1. 재료 및 도구 위생관리<br>1. 관리사 용모 위생관리<br>1. 피부와 피부부속기관<br>2. 피부유형분석<br>3. 피부와 영양<br>4. 피부와 광선<br>5. 피부면역<br>6. 피부노화<br>7. 피부장애와 질환 |
| | | 2. 피부미용<br>화장품 사용 | 1. 화장품 분류<br><br><br>2. 화장품 사용 | 1. 화장품 기초<br>2. 화장품 제조<br>3. 화장품의 종류와 기능<br>1. 화장품 분류 및 특징<br>2. 화장품 활용 |
| | | 3. 피부미용<br>피부분석 | 1. 피부상태분석 평가<br>2. 피부관리계획 작성 | 1. 피부상태 파악<br>1. 피부유형별 관리계획 |
| | | 4. 피부미용<br>얼굴각질관리 | 1. 얼굴클렌징<br><br>2. 얼굴딥클렌징 | 1. 피부유형별 클렌징 제품 활용<br>2. 클렌징 테크닉 적용<br>1. 피부유형별 딥클렌징 제품 활용<br>2. 딥클렌징 제품별 테크닉 적용 |
| | | 5. 피부미용<br>눈썹미용관리 | 1. 눈썹정리<br>2. 눈썹 염색 | 1. 눈썹형태 정리 및 진정관리<br>1. 눈썹 염색 관리 |

| 필기과목명 | 문제수 | 주요항목 | 세부항목 | 세세항목 |
|---|---|---|---|---|
| 해부생리,<br>미용기기·<br>기구 및<br>피부<br>미용관리 | 60 | 6. 피부미용 얼굴<br>매뉴얼테크닉 | 1. 얼굴매뉴얼테크닉 | 1. 피부유형별 매뉴얼테크닉 선택 및<br>적용<br>2. 피부유형별 매뉴얼테크닉 방법 |
| | | | 2. 영양물질 도포 | 1. 피부유형별 영양물질 선택 및 도포 |
| | | 7. 피부미용 얼굴<br>팩·마스크 | 1. 얼굴 팩·마스크 | 1. 얼굴 피부유형별 팩·마스크 종류<br>2. 얼굴 피부유형별 팩·마스크 특징 |
| | | | 2. 얼굴관리 마무리 | 1. 얼굴관리 후 피부정리·정돈 |
| | | 8. 피부미용<br>몸매분석 | 1. 몸매파악 | 1. 몸매상태 파악 및 특징 분류<br>2. 몸매상태에 따른 제품 및 기기선택 |
| | | | 2. 몸매분석카드 작성 | 1. 몸매 분석표 작성<br>2. 몸매관리 프로그램 계획 |
| | | | 3. 해부생리 이해 | 1. 세포와 조직<br>2. 근·골격 계통<br>3. 신경 계통<br>4. 순환 계통<br>5. 소화기 계통<br>6. 생식기 계통 |
| | | 9. 피부미용<br>몸매각질관리 | 1. 몸매클렌징 | 1. 몸매부위별 클렌징 제품 활용 및<br>테크닉 적용 |
| | | | 2. 몸매딥클렌징 | 1. 몸매딥클렌징 제품 선택 및 테크닉<br>활용 |
| | | 10. 신체 피부미용<br>후면관리 | 1. 신체후면관리 | 1. 신체후면상태 파악 및 매뉴얼테크<br>닉 적용 |
| | | | 2. 발, 다리 후면 관리 | 1. 발, 다리 후면 상태 파악 및 매뉴얼<br>테크닉 적용 |
| | | 11. 신체 피부미용<br>전면관리 | 1. 신체전면관리 | 1. 신체전면상태 파악 및 매뉴얼테크<br>닉 적용 |
| | | | 2. 손, 팔 관리 | 1. 손, 팔 상태 파악 및 매뉴얼테크닉<br>적용 |
| | | | 3. 발, 다리 전면 관리하기 | 1. 발, 다리 전면 상태 파악 및 매뉴얼<br>테크닉 적용 |
| | | 12. 피부미용 몸매<br>팩·마스크 | 1. 몸매 팩·마스크 | 1. 몸매 피부유형별 팩·마스크 종류<br>및 특징<br>2. 몸매 팩·마스크 적용 및 제거 |
| | | | 2. 몸매관리 마무리 | 1. 몸매관리 후 피부정리·정돈 |

| 필기과목명 | 문제수 | 주요항목 | 세부항목 | 세세항목 |
|---|---|---|---|---|
| 해부생리, 미용기기· 기구 및 피부 미용관리 | 60 | 13. 피부미용 기초제모 | 1. 제모 | 1. 팔, 다리, 겨드랑이 제모 제품 및 도구 준비<br>2. 팔, 다리, 겨드랑이 제모 테크닉 적용 및 주의사항 |
| | | 14. 피부미용 림프관리 | 1. 세정작용<br>2. 순환작용<br>3. 림프관리 마무리하기 | 1. 림프의 이해 및 피부상태 파악<br>1. 림프관리 적용 및 주의사항<br>1. 림프관리 마무리 동작 적용 |
| | | 15. 피부미용 스톤테라피 | 1. 스톤 소독<br>2. 스톤 선택<br>3. 스톤테크닉 | 1. 냉·온스톤 소독 및 보관<br>1. 관리부위별 스톤의 크기 및 특징<br>1. 피부부위별 스톤관리 및 주의사항 |
| | | 16. 피부미용 고객 마무리 관리 | 1. 관리 후 상담<br>2. 고객유지관리<br>3. 홈케어 조언 | 1. 상담 후 고객관리카드 정리<br>1. 고객유지 및 관리<br>1. 홈케어 제품 및 방법 조언 |
| | | 17. 피부미용 필수 기구 활용 | 1. 압력 이용 피부미용기구 사용<br>2. 열 이용 피부미용기구 사용<br>3. 물리적인 힘 이용 피부미용기구 사용 | 1. 압력 이용 피부미용기구 활용 및 주의사항<br>1. 열 이용 피부미용기구 활용 및 주의사항<br>1. 물리적인 힘 이용 피부미용기구의 분류<br>2. 물리적인 힘 이용 피부미용기구의 활용 및 주의사항 |
| | | 18. 피부미용 응용 기구 활용 | 1. 색채·빛·온도 이용 피부미용기구 사용<br>2. 물 이용 피부미용기구 사용 | 1. 색채·빛·온도 이용 피부미용기구 분류<br>2. 색채·빛·온도 이용 피부미용기구 활용 및 주의사항<br>1. 물 이용 피부미용기구 활용 및 주의사항 |
| | | 19. 공중위생관리 | 1. 공중보건 | 1. 공중보건 기초<br>2. 질병관리<br>3. 가족 및 노인보건<br>4. 환경보건<br>5. 식품위생과 영양<br>6. 보건행정 |

| 필기과목명 | 문제수 | 주요항목 | 세부항목 | 세세항목 |
|---|---|---|---|---|
| 해부생리,<br>미용기기·<br>기구 및<br>피부<br>미용관리 | 60 | | 2. 소독 | 1. 소독의 정의 및 분류<br>2. 미생물 총론<br>3. 병원성 미생물<br>4. 소독방법<br>5. 분야별 위생·소독 |
| | | | 3. 공중위생관리법규<br>(법, 시행령, 시행규칙) | 1. 목적 및 정의<br>2. 영업의 신고 및 폐업<br>3. 영업자준수사항<br>4. 면허<br>5. 업무<br>6. 행정지도감독<br>7. 업소 위생등급<br>8. 위생교육<br>9. 벌칙<br>10.시행령 및 시행규칙 관련사항 |

| 직무<br>분야 | 이용·숙박·여행·<br>오락·스포츠 | 중직무<br>분야 | 이용·미용 | 자격<br>종목 | 미용사(피부) | 적용<br>기간 | 2022.1.1.~2026.12.31. |
|---|---|---|---|---|---|---|---|

○ 직무내용 : 고객의 상담과 피부분석을 통해 위생적인 환경에서 얼굴, 신체부위별 피부를 피부미용기기 및 기구와 화장품을 이용하여 피부미용관리를 하는 직무이다.

○ 수행준거 : 1. 클렌징을 한 후 피부의 상태를 파악하고 평가하여 피부관리계획을 수립할 수 있다.
2. 피부관리를 마친 고객의 만족도를 상담한 후 지속적인 유지 관리를 시행하고 홈케어를 조언할 수 있다.
3. 고객을 신체적, 정신적으로 안정감을 주기 위하여 작업장을 위생적으로 제공하고 피부미용에 관련된 비품과 직원위생을 철저하게 관리할 수 있다.
4. 얼굴 부위의 화장이나 먼지를 닦아내고 눈썹을 정리하여 표정을 밝게 하며 딥클렌징을 통하여 묵은 각질과 모공 속에 남아있는 노폐물을 제거할 수 있다.
5. 얼굴 부위에 5가지 동작을 적절하게 활용하여 테크닉을 구사하고 영양물질을 도포하여 혈액을 순환시키고 유분과 수분의 유지를 할 수 있다.
6. 얼굴 부위 피부에 적합한 팩과 마스크를 통하여 외부 공기를 차단시켜 노폐물을 제거하고 영양물질을 흡수시켜 주어 청결하고 위생적으로 마무리를 할 수 있다.
7. 몸매 신체 각 부위의 피부에 적합한 팩과 마스크를 통하여 외부 공기를 차단시켜 노폐물을 제거하고 영양물질을 흡수시켜 주어 청결하고 위생적으로 마무리를 할 수 있다.
8. 얼굴 윤곽을 살리기 위해 눈썹을 정리하고 눈썹 염색을 통하여 아름다움을 더하게 할 수 있다.
9. 림프관리를 수행할 수 있는 환경을 조성한 후 피부상태를 파악하고 신체부위에 따라 림프방향, 속도, 압력을 적절하게 테크닉하여 세정과 순환을 도울 수 있다.
10. 팔과 다리 및 겨드랑이에 분포된 불필요한 털을 부위에 맞는 제모 제품을 이용하여 위생적으로 제거할 수 있다.
11. 수분과 유분의 보습효과를 높이고 매뉴얼테크닉을 활용하여 신체후면과 둔부관리, 발·다리 후면관리를 함으로써 신진대사를 촉진시키고 뭉쳐진 근육을 이완시킬 수 있다.
12. 화장품 법규에 의거 분류된 유형별 화장품을 사용목적과 대상 부위에 맞게 기초, 기능성, 두피, 몸매관리, 방향성화장품으로 구분하여 인체를 아름답게 가꾸는데 사용할 수 있다.

| 실기검정방법 | 작업형 | 시험시간 | 2시간 15분 |
|---|---|---|---|

| 실기과목명 | 주요항목 | 세부항목 | 세세항목 |
|---|---|---|---|
| 피부미용<br>실무 | 1. 피부미용<br>피부분석 | 1. 클렌징하기 | 1. 피부유형별 상태에 따라 클렌징 방법과 제품을 선택할 수 있다.<br>2. 눈, 입술 순서로 포인트 메이크업을 클렌징할 수 있다.<br>3. 피부유형에 맞는 제품과 테크닉으로 클렌징을 적용할 수 있다.<br>4. 온습포 또는 경우에 따라 냉습포로 닦아내고 토닉으로 정리할 수 있다. |

| 실기과목명 | 주요항목 | 세부항목 | 세세항목 |
|---|---|---|---|
| | | 2. 피부상태분석 평가하기 | 1. 고객정보 결과에 따른 피부부위와 상태를 파악할 수 있다.<br>2. 피부 문진, 견진, 촉진을 통해 피부의 탄력감이나 매끄러운 정도, 조직의 두께, 유분함량, 수분보유량, 각질화 상태 등을 파악할 수 있다.<br>3. 이마와 목에 스파츌라로 그어서 민감성 여부를 파악할 수 있다.<br>4. 관련 피부미용기구를 사용하여 피부상태를 파악할 수 있다.<br>5. 파악 결과에 따라 평가하고 유형별로 구분할 수 있다. |
| | | 3. 피부관리계획 작성하기 | 1. 고객의 피부상태에 따라 유형별 피부관리계획을 작성할 수 있다.<br>2. 피부관리계획에 따라 적합한 피부관리 제품을 결정할 수 있다.<br>3. 고객의 상품선택을 위하여 피부관리 상품을 설명하고 추천할 수 있다. |
| 피부미용 실무 | 2. 피부미용 고객 마무리 관리 | 1. 관리 후 상담하기 | 1. 고객을 상담실로 안내하여 서비스를 제공할 수 있다.<br>2. 안내받은 고객과의 상담을 통해 만족도를 측정할 수 있다.<br>3. 상담 후 고객관리카드를 정리할 수 있다. |
| | | 2. 고객유지관리하기 | 1. 개인정보수집·이용에 관한 동의서를 받을 수 있다.<br>2. 수집된 정보를 정리하여 활용할 수 있다.<br>3. 고객일정에 따른 스케줄을 관리할 수 있다.<br>4. 고객기념일과 특정일에 부가적인 서비스를 안내할 수 있다.<br>5. 불만고객에 대한 리스트를 작성하여 문제점을 중점 관리할 수 있다.<br>6. 고정고객 외 재방문 하지 않는 고객의 문제점을 분석할 수 있다. |
| | | 3. 홈케어 조언하기 | 1. 서비스를 제공받은 고객에게 맞는 제품을 선별할 수 있다.<br>2. 추천한 제품에 대한 사용방법을 설명할 수 있다.<br>3. 잘못된 생활환경 및 습관에 대해 조언할 수 있다.<br>4. 홈케어 진행과정을 정기적으로 확인할 수 있다. |

| 실기과목명 | 주요항목 | 세부항목 | 세세항목 |
|---|---|---|---|
| 피부미용<br>실무 | 3. 피부미용<br>위생관리 | 1. 피부미용 작업장<br>위생관리하기 | 1. 위생관리 지침에 따라 피부미용 작업장 위생<br>관리 업무를 책임자와 협의하여 준비, 수행할<br>수 있다.<br>2. 쾌적함을 주는 피부미용 작업장이 되도록 체크<br>리스트에 따라 환풍, 조도, 냉·난방시설에 대<br>한 위생을 점검할 수 있다.<br>3. 위생관리 지침에 따라 피부미용 작업장 청소<br>및 소독 매뉴얼을 작성할 수 있다.<br>4. 피부미용 작업장 소독계획에 따른 작업장 소독<br>을 통해 작업장의 위생상태를 관리할 수 있다. |
| | | 2. 피부미용 비품<br>위생관리하기 | 1. 위생관리 지침에 따라 피부미용 비품 위생관<br>리 업무를 책임자와 협의하여 준비, 수행할 수<br>있다.<br>2. 위생관리 지침에 따라 적절한 소독방법으로 피<br>부관리실 내부의 비품을 소독 보관할 수 있다.<br>3. 소독제에 대한 유효기간을 점검할 수 있다.<br>4. 사용종류에 알맞은 피부미용 비품의 정리정돈<br>을 수행할 수 있다. |
| | | 3. 직원위생관리하기 | 1. 위생관리 지침에 따라 피부미용사로서 깨끗한<br>위생복, 마스크, 실내화를 구비하여 착용할 수<br>있다.<br>2. 장신구는 피하고 가벼운 화장과 예의 있는 언<br>행으로 작업장 근무수칙을 준수할 수 있다.<br>3. 위생관리 지침에 따라 두발, 손톱 등 단정한 용<br>모와 신체를 유지할 수 있다. |
| | 4. 피부미용<br>얼굴각질관리 | 1. 얼굴클렌징하기 | 1. 얼굴피부유형별 상태에 따라 클렌징 방법과 제<br>품을 선택할 수 있다.<br>2. 눈, 입술 순서로 포인트 메이크업을 클렌징할<br>수 있다.<br>3. 얼굴피부유형에 맞는 제품과 테크닉으로 클렌<br>징하고 할 수 있다.<br>4. 온습포 또는 경우에 따라 냉습포로 닦아내고<br>토닉으로 정리할 수 있다. |
| | | 2. 얼굴딥클렌징하기 | 1. 피부 유형별 딥클렌징 제품을 선택할 수 있다.<br>2. 선택된 딥클렌징 제품을 특성에 맞게 적용할<br>수 있다.<br>3. 피부미용기기·기구를 활용하여 딥클렌징을 적<br>용할 수 있다. |

| 실기과목명 | 주요항목 | 세부항목 | 세세항목 |
|---|---|---|---|
| | 5. 피부미용 얼굴 매뉴얼테크닉 | 1. 얼굴매뉴얼테크닉하기 | 1. 얼굴의 피부유형과 부위에 맞는 매뉴얼 테크닉을 하기 위한 제품을 선택할 수 있다.<br>2. 선택된 제품을 피부에 도포할 수 있다.<br>3. 5가지 기본 동작을 이용하여 매뉴얼테크닉을 적용할 수 있다.<br>4. 얼굴의 피부상태와 부위에 적정한 리듬, 강약, 속도, 시간, 밀착 등을 조절하여 매뉴얼 테크닉을 적용할 수 있다. |
| | | 2. 영양물질 도포하기 | 1. 피부유형에 따라 영양물질을 선택할 수 있다.<br>2. 피부유형에 따라 영양물질을 필요한 부위에 도포할 수 있다.<br>3. 제품의 특성에 따라 영양물질을 흡수되도록 할 수 있다. |
| | 6. 피부미용 얼굴 팩·마스크 | 1. 얼굴 팩·마스크하기 | 1. 피부유형에 따라 팩과 마스크종류를 선택할 수 있다.<br>2. 제품 성질에 맞게 팩과 마스크를 적용할 수 있다.<br>3. 관리 후 팩과 마스크를 안전하게 제거할 수 있다. |
| | | 2. 얼굴관리 마무리하기 | 1. 얼굴관리가 끝난 후 토닉으로 피부정리를 할 수 있다.<br>2. 고객의 얼굴피부유형에 따른 기초화장품류를 선택할 수 있다.<br>3. 영양물질을 흡수시키고 자외선 차단제를 사용하여 마무리할 수 있다. |
| | 7. 피부미용 몸매 팩·마스크 | 1. 몸매 팩·마스크하기 | 1. 몸매 피부유형에 따른 팩과 마스크 종류를 선택할 수 있다.<br>2. 제품성질에 맞게 팩과 마스크를 사용할 수 있다.<br>3. 관리 후 팩과 마스크를 안전하게 제거할 수 있다. |
| | | 2. 몸매관리 마무리하기 | 1. 몸매관리가 끝난 후 토닉으로 피부정리를 할 수 있다.<br>2. 고객의 몸매 피부유형에 따른 기초화장품류를 선택할 수 있다.<br>3. 해당 부위에 맞는 제품을 선택 후 특성에 따라 적용할 수 있다.<br>4. 피부손질이 끝난 후 몸매를 가볍게 이완할 수 있다. |

| 실기과목명 | 주요항목 | 세부항목 | 세세항목 |
|---|---|---|---|
| | 8. 피부미용 눈썹 미용관리 | 1. 눈썹정리하기 | 1. 눈썹정리를 위해 도구를 소독하여 준비할 수 있다.<br>2. 고객이 선호하는 눈썹형태로 정리할 수 있다.<br>3. 눈썹정리 후 정리한 부위에 대한 진정관리를 실시할 수 있다. |
| | | 2. 눈썹 염색하기 | 1. 눈썹 염색약과 도구를 위생적으로 준비할 수 있다.<br>2. 눈썹을 위생적으로 소독한 후 브러쉬로 가지런히 할 수 있다.<br>3. 눈썹 염색약을 준비하고 고객의 요청에 따라 눈썹을 염색할 수 있다. |
| 피부미용 실무 | 9. 피부미용 림프관리 | 1. 세정작용하기 | 1. 림프관리를 수행할 수 있는 환경을 조성할 수 있다.<br>2. 림프관리 부위 피부상태를 파악할 수 있다.<br>3. 신체부위를 구분하고 제품을 선택하여 클렌징을 할 수 있다.<br>4. 림프관리 부위를 토닉으로 정리할 수 있다. |
| | | 2. 순환작용하기 | 1. 림프관리시 적용할 신체부위를 구분할 수 있다.<br>2. 림프절과 림프선을 알고 적절한 테크닉을 구사할 수 있다.<br>3. 방향, 속도, 압력을 조절하여 테크닉을 적용할 수 있다.<br>4. 림프관리시 금기해야할 상태를 구분할 수 있다. |
| | | 3. 림프관리 마무리하기 | 1. 마무리 테크닉 동작을 구사할 수 있다.<br>2. 관리가 끝난 고객은 일정시간 편안한 자세로 유지시킬 수 있다.<br>3. 주변 환경을 위생적으로 마무리할 수 있다. |
| | 10. 피부미용 기초제모 | 1. 팔 제모하기 | 1. 팔 제모를 위한 왁스를 선택하고 제모에 필요한 도구를 준비할 수 있다.<br>2. 팔 제모 부위의 털 길이를 조절하고 유수분 제거 후 파우더를 도포할 수 있다.<br>3. 왁스 온도를 체크한 후 털이 난 방향으로 팔 제모 부위에 왁스를 도포할 수 있다.<br>4. 왁스가 도포된 피부에 스트립을 붙이고 털이 난 반대방향으로 제거할 수 있다.<br>5. 제모 부위의 잔여왁스를 제거한 후 진정 제품으로 마무리할 수 있다. |

| 실기과목명 | 주요항목 | 세부항목 | 세세항목 |
|---|---|---|---|
| 피부미용 실무 | | 2. 다리 제모하기 | 1. 다리 제모를 위한 왁스를 선택하고 제모에 필요한 도구를 준비할 수 있다.<br>2. 다리 제모 부위의 털 길이를 조절하고 유수분 제거 후 파우더를 도포할 수 있다.<br>3. 왁스 온도를 체크한 후 털이 난 방향으로 다리 제모 부위에 왁스를 도포할 수 있다.<br>4. 왁스가 도포된 피부에 스트립을 붙이고 털이 난 반대방향으로 제거할 수 있다.<br>5. 제모 부위의 잔여왁스를 제거한 후 진정 제품으로 마무리할 수 있다. |
| | | 3. 겨드랑이 제모하기 | 1. 겨드랑이 제모를 위한 왁스를 선택하고 제모에 필요한 도구를 준비할 수 있다.<br>2. 겨드랑이 제모 부위의 털 길이를 조절하고 유수분 제거 후 파우더를 도포할 수 있다.<br>3. 왁스 온도를 체크한 후 털이 난 반대 방향으로 왁스 도포 후 다시 털이 난 방향으로 반복하여 왁스를 도포할 수 있다.<br>4. 굳어진 왁스를 털이 난 방향과 반대 방향으로 텐션을 주며 순차적으로 제거할 수 있다.<br>5. 제모 부위의 잔여왁스를 제거한 후 진정 제품으로 마무리할 수 있다. |
| | 11. 신체 피부미용 후면관리 | 1. 신체후면 관리하기 | 1. 신체후면의 피부유형에 맞는 제품을 선택할 수 있다.<br>2. 신체후면의 상태를 파악하고 목적에 맞는 매뉴얼테크닉을 적용할 수 있다.<br>3. 시간, 속도, 리듬, 밀착, 세기를 고려하여 신체후면 매뉴얼 테크닉을 구사할 수 있다. |
| | | 2. 발, 다리 후면 관리하기 | 1. 고객의 발, 다리 후면 피부를 파악하여 금기해야할 관리를 피할 수 있다.<br>2. 발과 다리 후면 피부유형에 맞는 제품을 선택할 수 있다.<br>3. 발과 다리 후면의 상태를 파악하고 목적에 맞는 매뉴얼 테크닉을 적용할 수 있다.<br>4. 시간, 속도, 리듬, 밀착, 강약을 고려하여 발, 다리 매뉴얼테크닉을 구사할 수 있다. |
| | 12. 신체 피부미용 전면관리 | 1. 신체전면 관리하기 | 1. 신체전면의 피부유형에 맞는 제품을 선택할 수 있다.<br>2. 신체전면의 상태를 파악하고 목적에 맞는 매뉴얼테크닉을 적용할 수 있다. |

| 실기과목명 | 주요항목 | 세부항목 | 세세항목 |
|---|---|---|---|
| | | | 3. 시간, 속도, 리듬, 밀착, 세기를 고려하여 신체 후면 매뉴얼 테크닉을 구사할 수 있다. |
| | | 2. 손·팔 관리하기 | 1. 손, 팔 피부유형에 맞는 제품을 선택할 수 있나. |
| | | | 2. 손, 팔의 상태를 파악하고 목적에 맞는 매뉴얼 테크닉을 구사할 수 있다. |
| | | | 3. 시간, 속도, 리듬, 밀착, 강약을 고려하여 손, 팔 매뉴얼테크닉을 구사할 수 있다. |
| | | | 4. 손끝에서 어깨견갑골까지 매뉴얼테크닉을 적용할 수 있다. |
| | | 3. 발, 다리 전면 관리하기 | 1. 고객의 발, 다리 전면 피부를 파악하여 금기해야할 관리를 피할 수 있다. |
| | | | 2. 발과 다리 전면 피부유형에 맞는 제품을 선택할 수 있다. |
| | | | 3. 발과 다리 전면의 상태를 파악하고 목적에 맞는 매뉴얼 테크닉을 적용할 수 있다. |
| | | | 4. 시간, 속도, 리듬, 밀착, 강약을 고려하여 발, 다리 매뉴얼테크닉을 구사할 수 있다. |
| 피부미용 실무 | 13. 피부미용 화장품사용 | 1. 화장품 분류하기 | 1. 화장품 법규에 따른 화장품 유형을 분류할 수 있다. |
| | | | 2. 화장품 유형에 따라 분류된 화장품의 효능 효과를 설명할 수 있다. |
| | | | 3. 화장품 법규에 따른 화장품의 주의사항을 설명할 수 있다. |
| | | 2. 기초화장품 사용하기 | 1. 사용목적에 따라 기초화장품을 분류할 수 있다. |
| | | | 2. 화장수의 종류 및 특징을 이해하고 사용목적에 따라 화장수를 적용할 수 있다. |
| | | | 3. 유액의 종류 및 특징을 이해하고 사용목적에 따라 유액을 적용할 수 있다. |
| | | | 4. 크림의 종류 및 특징을 이해하고 사용목적에 따라 크림을 사용할 수 있다. |
| | | 3. 기능성화장품 사용하기 | 1. 사용목적에 따라 기능성화장품을 선택할 수 있다. |
| | | | 2. 선택한 기능성화장품을 위생적으로 사용할 수 있다. |
| | | | 3. 사용되는 기능성화장품의 특성을 고객에게 설명할 수 있다. |

| 실기과목명 | 주요항목 | 세부항목 | 세세항목 |
|---|---|---|---|
| 피부미용<br>실무 | | 4. 두피관리화장품<br>사용하기 | 1. 두피 특성에 따라 두피관리화장품을 선택할 수<br>있다.<br>2. 선택한 두피관리화장품을 위생적으로 사용할<br>수 있다.<br>3. 사용되는 두피관리화장품의 특성을 고객에게<br>설명할 수 있다. |
| | | 5. 몸매관리화장품<br>사용하기 | 1. 신체 부위별 피부 상태에 따라 몸매관리화장품<br>을 선택할 수 있다.<br>2. 선택한 몸매관리화장품을 위생적으로 사용할<br>수 있다.<br>3. 사용되는 몸매관리화장품의 특성을 고객에게<br>설명할 수 있다. |
| | | 6. 방향성화장품<br>사용하기 | 1. 성분과 함량에 따라 방향성화장품의 종류를 구<br>분할 수 있다.<br>2. 시간, 장소, 날씨, 목적에 따라 위생적으로 방향<br>성화장품을 사용할 수 있다.<br>3. 방향성화장품 사용에 따른 금기사항을 고객에<br>게 설명할 수 있다. |

# 전 세계 수많은 백만장자를 탄생시킨
# 전설적인 성공학의 명저!

**나폴레온 힐** 원저
**김정수** 편저
32,000원

미국 아마존
장기
베스트셀러!

성공의
교과서로 통하는
세계적 명저!

5,000만 부
이상의 세계적
베스트셀러!

CEO·직장인
대학생·청소년
필독서!

## 세계 최고 성공자 507명의 성공 비결!

### 헨리 포드, 토머스 에디슨, 모건, 존 록펠러, 앤드류 카네기……

오피니언 리더의 필독서! 네이버 '베스트셀러' 인증 도서!
20대·청소년 자기계발 베스트셀러!

---

**이 책을
추천해주신 분들**

**박명래**(협성대학교 총장)
**봉유종**(송파상공회의소 회장)
**송미애**(한국강사협회 회장)
**천성국**(법무법인 법여울 대표 변호사)
**이창훈**(법무법인 정률 변호사)

**박한길**(한국직접판매산업협회 회장)
**이백배**(대한민국지식포럼 회장)
**신경섭**(한국여성경제인협회 서울지회장)
**한경진**(선수촌병원 원장)
**홍석기**(교수, 칼럼니스트)

# 중앙경제평론사 Joongang Economy Publishing Co.
## 중앙생활사 | 중앙에듀북스 Joongang Life Publishing Co./Joongang Edubooks Publishing Co.

**중앙경제평론사**는 오늘보다 나은 내일을 창조한다는 신념 아래 설립된 경제 · 경영서 전문 출판사로서
성공을 꿈꾸는 직장인, 경영인에게 전문지식과 자기계발의 지혜를 주는 책을 발간하고 있습니다.

## 에스테틱 경영론

초판 1쇄 인쇄 | 2022년 2월 17일
초판 1쇄 발행 | 2022년 2월 22일

지은이 | 김진구(JInGu Gim)
공저자 | 김시홍(SiHong Kim)
펴낸이 | 최점옥(JeomOg Choi)
펴낸곳 | 중앙경제평론사(Joongang Economy Publishing Co.)

대    표 | 김용주
책임편집 | 백재운
본문디자인 | 박근영

출력 | 케이피알  종이 | 한솔PNS  인쇄 | 케이피알  제본 | 은정제책사

잘못된 책은 구입한 서점에서 교환해드립니다.
가격은 표지 뒷면에 있습니다.

**ISBN 978-89-6054-291-4(03320)**

등록 | 1991년 4월 10일 제2-1153호
주소 | ㉾ 04590 서울시 중구 다산로20길 5(신당4동 340-128) 중앙빌딩
전화 | (02)2253-4463(代)  팩스 | (02)2253-7988
홈페이지 | www.japub.co.kr  블로그 | http://blog.naver.com/japub
페이스북 | https://www.facebook.com/japub.co.kr  이메일 | japub@naver.com
♣ 중앙경제평론사는 중앙생활사 · 중앙에듀북스와 자매회사입니다.

도서
주문  www.japub.co.kr
전화주문 : 02) 2253 - 4463

중앙경제평론사/중앙생활사/중앙에듀북스에서는 여러분의 소중한 원고를 기다리고 있습니다. 원고 투고는 이메일을
이용해주세요. 최선을 다해 독자들에게 사랑받는 양서로 만들어드리겠습니다. **이메일** | japub@naver.com